哇，这些东西是这儿工作的

爱思考、爱冒险、爱体验，让你的孩子轻松爱上科学！

崔维静/编著

北京理工大学出版社
BEIJING INSTITUTE OF TECHNOLOGY PRESS

前言

　　爱思考、爱冒险、爱体验，这些都是孩子与生俱来的天性。吃巧克力的时候他们会问："巧克力这么好吃，可是它又是怎么来的呢？"在天文馆看见天文望远镜的时候他们又会问："为什么用天文望远镜能观测到星星呢？"有时候，这些问题问得大人茫然无措。当然，作为孩子，除了喜欢不停地动脑提问之外，他们更喜欢亲身实践：拆卸一下玩具，研究研究家用电器的使用说明书，翻看些万物简史……他们乐此不疲。

　　在日常生活中，我们每天都会接触各种不同的事物，很多东西我们非常熟悉，却不知道它们是怎么来的，也不知道它们是怎么工作的，以至于根本回答不上孩子们提出的问题，这是一件令人遗憾的事。

　　鉴于此，我们特意推出了《哇，这些东西是这么来的》《哇，这些东西是这么工作的》。这两本书将理论与实践有机结合，以寓教于乐的方式，致力于培养孩子的认知能力、分析能力、动手操作能力，开发孩子的胆识、技能，其中还穿插了大量动手操作的案例及操作步骤，还有一些大型家电、生活用品的解构图，既专业又不失趣味性，保证能让孩子得到充分锻炼，也能让大人对日常生活中的用品加深理解，帮助大人更好地教育孩子。

　　《哇，这些东西是这么来的》讲述的是一些常见的食物、玩具、文具等的生产制作过程；《哇，这些东西是这么工作的》一书，为孩子们揭示了日常生活中常见事物的工作秘密，告诉孩子们它们的工作原理。

总而言之，《哇，这些东西是这么来的》《哇，这些东西是这么工作的》两本书涵盖广泛，内容丰富，图文并茂且生动有趣。两本书都是精心打造，让您开卷过后，爱不释手，回味无穷。

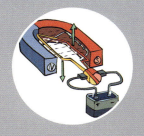

目录

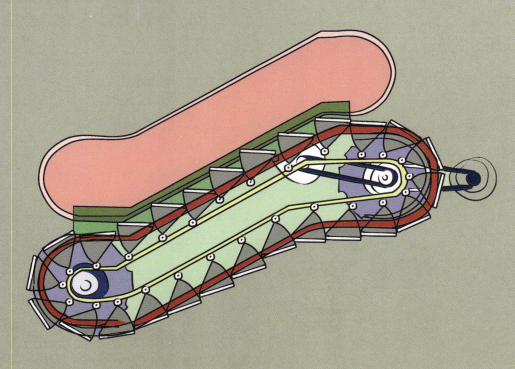

勤劳能干的家用电器

四通八达的交通工具

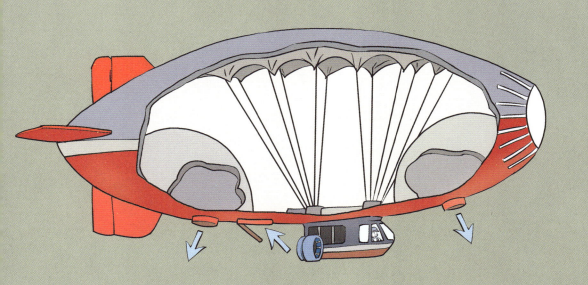

开辟时代的发明创造

五花八门的娱乐产品

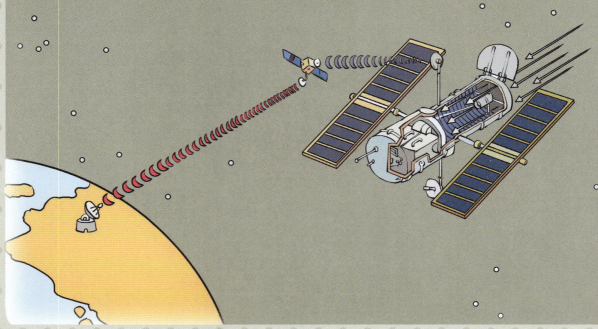

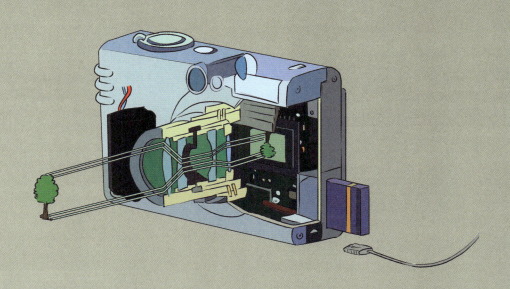

威力无比的军事武器

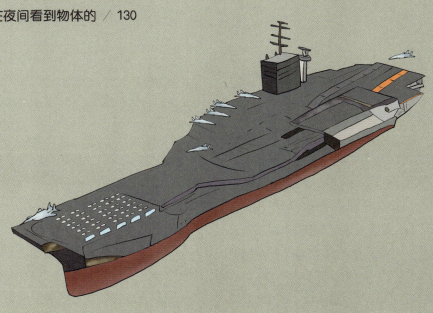

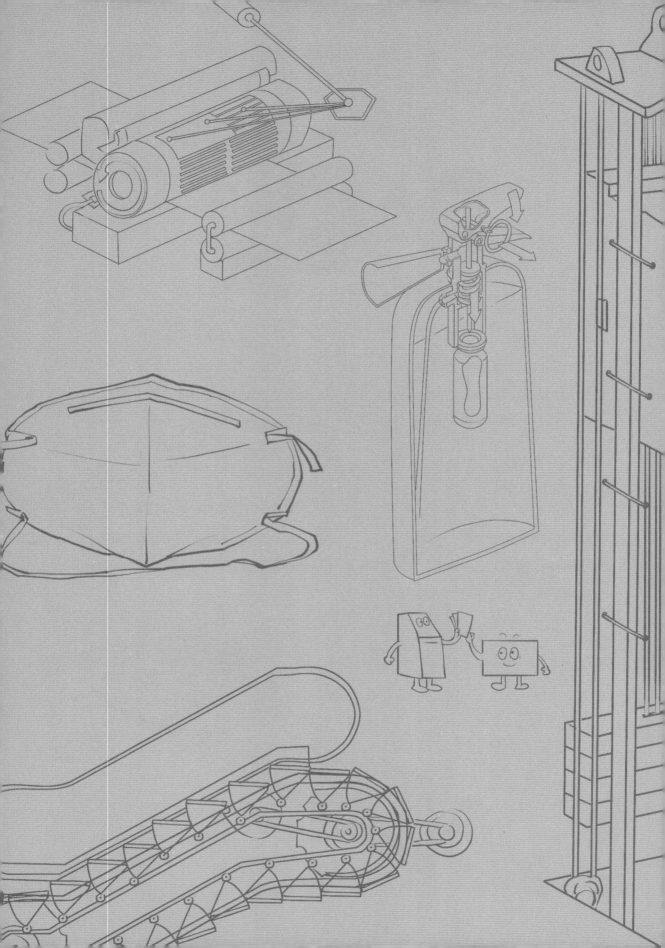

多姿多彩的现代生活

1. 自动售货机是怎么售货的

自动售货机（vending machine，VEM）是一种机电一体化的自动化装置，能根据投入钱币的金额自动售货。这是一种全新的商业零售形式，不受时间、地点的限制，既能简化交易过程，又节省人力。自动化是未来的发展趋势，不论是制造业、服务业还是零售业，都将有更多的设备取代人工。

电动机转动，带动螺杆旋转。螺杆转动时，就会把商品向前推，然后掉落到取物口。

控制面板上有收银装置和指示装置。

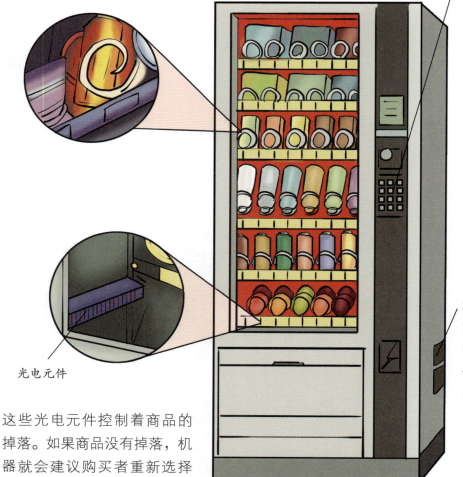

光电元件

自动售货机一般都有冷藏功能，这是冰箱的通风栅栏，会有热风吹出。

这些光电元件控制着商品的掉落。如果商品没有掉落，机器就会建议购买者重新选择或者把钱退还给购买者。

❶ 用户将钱币投入投币口后，货币识别器开始辨别钱币的真伪，如果确定是无效币，收银系统就会将其吐出。如果是真币，收银装置即计算钱币的金额。

自动售货机能干什么

因为它从来不知疲倦，所以被称为"24小时营业的微型超市"。它可以出售饮料、食品、糖果、报纸、药品、电影票、彩票、邮票等，甚至还能在自动售货机中买到热乎乎的面条。既有专售某一类商品的自动售货机，也有综合类自动售货机。

❷ 控制器根据金额将商品可售卖信息显示出来，在投入金额以内的商品将提示可以出售，超出金额的商品的选货按键将不能使用。然后用户就可以选择商品了，也可继续投入钱币。

❸ 用户按下所需商品对应的按键，控制器接收到按键所传递过来的信息，驱动相关的机械装置，把用户的商品送达取物口。

自动售货机如果缺货怎么办

自动售货机分散在各个地方，又没有人值守，如果缺货怎么办呢？其实，现在的自动售货机通过无线网络与各营业点保持联系，能及时将本机的库存信息和销售数据传送到各营业点，所以每台机器的库存量营业点是随时掌握的，可以及时补充货品，甚至自动售货机的系统状态、系统故障、料道故障都会即时传送到控制中心。

❹ 购买完成后，如果还有余额，在15秒之内，自动售货机将自动找出零币或用户旋转退币旋钮，退出零币。用户可从退币口取出零钱。

2. 自动取款机怎么知道我有多少存款呢

自动取款机又称ATM，是Automatic Teller Machine的缩写，意思是自动柜员机。因为主要用它来取款，所以被称为自动取款机，其实，它既能取款，也能存款。它是一种高度精密的机电一体化装置，能利用磁性代码卡或智能卡实现金融交易的自助服务。它有提取现金、存入现金、查询余额、转账等功能，还可以交电话费、水电费、燃气费，购买基金，甚至交罚款等。它代替了银行柜面人员的大部分工作，给我们的生活和工作带来便利。

自动取款机是怎么发明的

英国人谢波德是一家仪器公司的经理，有一天，他在洗澡时突发灵感，想到自己常常因为去银行取不到钱而恼火，于是打算设计一种24小时都能取到钱的机器。他见到巴克莱银行的总经理，让对方给他90秒时间来听他介绍这个想法，结果对方在第85秒就给出了答复：只要能把这种机器造出来就马上买。

1967年6月27日，世界上第一台自动取款机在伦敦的巴克莱银行亮相。最初，顾客从自动取款机中一次只能取10英镑，但当时10英镑已足够普通家庭度过一周了。如今，ATM机与银行机构的数量比例达到了4∶1，极大地方便了人们的生活。

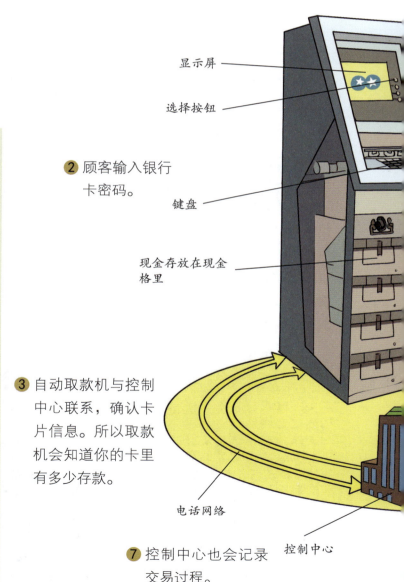

显示屏

选择按钮

键盘

现金存放在现金格里

❷ 顾客输入银行卡密码。

❸ 自动取款机与控制中心联系，确认卡片信息。所以取款机会知道你的卡里有多少存款。

电话网络

控制中心

❼ 控制中心也会记录交易过程。

取到假钞怎么办

　　如果怀疑取到假钞，请一定不要离开取款机，马上将可疑的纸币对准取款机的摄像头，在纸币冠字编号部分多停留几秒，之后慢慢来回移动，这样可以让摄像头录制到最佳的效果。然后携带可疑纸币去银行鉴别和申诉。

① 将银行卡插入取款机，注意，卡上有磁条的一面向下，千万不要插反。检测到卡后，滚轮就会转动，将卡吞进去。

票据出口

打印机

出钞口

⑤ 这时顾客可以自助办理业务了。

记忆卡会保存所有的操作记录

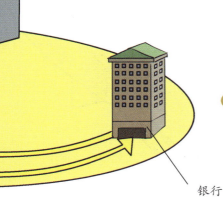

银行

⑥ 银行卡账户会记录交易的数额。

④ 控制中心和银行电脑之间进行交流，确认交易数额。

⑧ 交易完成，及时取出银行卡和提出的现金，否则会被吞回。

读卡器

有效卡　　不可读卡

取消请求

无效密码

密码

有效密码

选择需要的操作

选择

执行操作

足额现金

退卡

3. 条形码扫描器是怎么工作的

还记得以前的超市吗？人们在收银台前排起长龙，等待收银员将每一件商品用电子计算器，一个个加减乘除进行核算。更早些的时候，售货员是通过算盘来进行结算的。以上方式的缺点都很明显，那就是工作效率非常低。可喜的是，人类从未停止过在科技方面的探索脚步。回想当年，小型的电子计算器一经推出，便迅速在全球范围内得以推广。而更高一级的条形码扫描器的出现，又一次将人工智能向前推进了一步。

条形码扫描器是用于读取条形码信息的设备，广泛应用在超市、书店、物流快递、图书馆等领域，用来扫描商品、单据的条形码。个人二维码名片、商家的二维码等都是利用了这一技术。

有了条形码扫描器的帮助，输入一件商品的信息，只需1秒钟。未来还会有哪些更高尖端的产品出现呢？未来不可预测，只能拭目以待。

光学传感器

反射镜

❸ 光学传感器将条形码的图像拍摄下来。

❹ 图像被转化成0和1的编码。

❺ 中央电脑确认商品类型并把价格发送到收银台。

❻ 扫描器发出声音信号，表示这件商品已确认。

输入速度快、可靠性高、采集信息量大、灵活实用。

分辨率越高越好吗

选择设备时，并不是设备的分辨率越高越好，而是应根据具体应用中使用的条形码密度，来选取具有相应分辨率的扫描器。使用中，如果所选设备的分辨率过高，则条码上的污点、脱墨等对系统的影响将更为严重。

棱镜

1 按下条形码扫描器的启动按钮后，扫描器内的发光二极管会照亮商品的条形码。

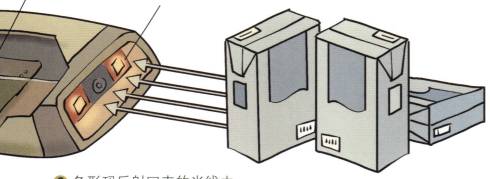

2 条形码反射回来的光线由扫描器内的棱镜汇集后传递给传感器。

条形码由一系列宽度不等的黑条和空白组成。常见的 12 位条形码的前 6 位是厂商编号，后 6 位是商品编号。

编码开始　　分割线　　编码结束

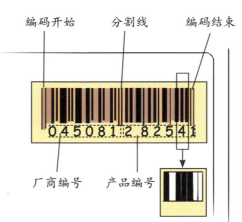

045081 282541

厂商编号　　产品编号

只有白色的长方形才会反射光线，编码其实很简单：白色代表 0，黑色代表 1。

4. 自动扶梯的工作原理是什么

自动扶梯也称电动扶梯，主要用于运送行人。电动扶梯一般是斜置的，行人在扶梯的一端站上自动行走的梯级，便会被带到扶梯的另一端。扶梯两旁设有和梯级同步移动的扶手，供行人扶握。自动扶梯既可以向上运行，也可以向下运行，由管理人员根据时间、人流的需要来控制。

在扶梯顶部，有一台电动机持续产生动力，它同时带动传送链上的轮子和扶手皮带上的轮子，还会保证台阶和扶手的移动速度完全一致。

扶手是一条绕着一连串轮子进行循环的橡胶输送带。扶手与台阶的移动速度相同，让乘用者感到平稳。

自动扶梯的核心部件是两根链条，分别称外轨和内轨，两根链条绕着两对齿轮进行循环转动。与传送带移动一个平面不同，链圈移动的是一组台阶。每个台阶都有两组用中轴连接在一起的小轮子，它们一个沿着外轨滚动，一个沿着内轨滚动。

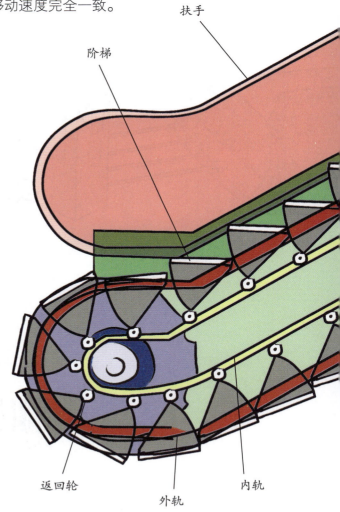

扶手

阶梯

返回轮

外轨

内轨

两条轨道彼此隔开，这样可使每个台阶保持水平。在自动扶梯的顶部和底部，轨道呈水平状态，从而使台阶展平，以使人们上、下自动扶梯时比较安全。每个台阶的前后边缘有一连串的凹槽，以便在展平的过程中与前后两个台阶连接在一起。

自动扶梯比直立电梯载人更多

自动扶梯系统不像直梯那样能够使人上升几十层楼，它比较适合短距离运载。自动扶梯的速度是27~55米/分。一部速度为44米/分的自动扶梯在一小时内可运载1万多人，比直梯的运载人数多得多。这是因为自动扶梯具有高负载率，只要有一个人到达上层，就会为其他人腾出位置。而直梯的轿厢满员后，必须等它返回后其他人才能上电梯。

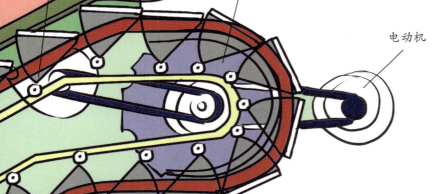

扶手驱动器

驱动齿轮

电动机

自动扶梯发展历史

1897年，美国人雷诺在纽约康尼岛游乐场建成了一条使用斜板行走，类似电动扶梯的机动游戏。奥的斯电梯公司1899年制造出第一部有扶手和梳齿板的电动扶梯。1935年，电动扶梯进入中国，当时上海的大新百货公司安装了两部单人电动扶梯。

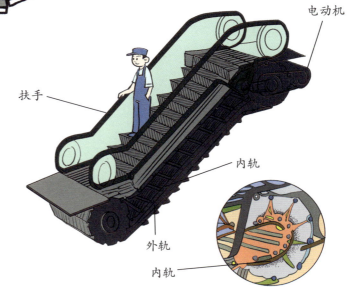

电动机

扶手

内轨

外轨

内轨

5. 直立电梯怎么把我们载到高空

繁华的大都市，楼房一座比一座高，很难想象，如果没有电梯，人们的日常工作和生活会是怎样。比如，电梯停电，而你家却又住在 17 楼，如果你这时要回家，除了走楼梯上去，还能有其他办法吗？答案是"没有"。当你气喘吁吁地爬楼梯时，你会感觉到电梯是多么的重要。

直立电梯，又称直梯，或升降电梯，是以电动机为动力的垂直升降机，装有箱状吊舱。从用途上来分，直立电梯大致可分为以下几种：

医用电梯：为运送病人包括病床、担架、医用车而设计的电梯，应用在医院。

观光电梯：井道和轿厢壁至少有一侧透明，可观看外面的景物。

船舶电梯：船舶上使用的电梯，通常用于大型轮船。

车辆电梯：用于运送车辆，应用在立体停车设备中。

乘客电梯：为运送乘客而设计的电梯，要求有完善的安全设施，以及一定的厢内装饰，应用范围最广泛。

载货电梯：通常有人乘随，主要用来运送货物，多用于工厂和仓库。

其他类型的电梯：冷库电梯、建筑施工电梯、防爆电梯、矿井电梯、电站电梯、消防员用电梯、斜行电梯、核岛电梯等。

随着经济的不断发展，电梯的种类也在不断增加，未来的电梯将会更加智能化。

多人能同时按下电梯按钮吗

当许多人同时召唤电梯时，是按先来后到的顺序吗？答案：不是。电梯是智能的，它的微处理器会同时分析这些命令，根据轿厢的位置，在离它最近的楼层停下来，以最经济和最快速的方式运送乘客。

乘坐直立电梯安全吗

在电梯的轨道上，每隔一段距离就安装有防坠器。万一缆绳断裂，这些防坠器会阻止轿厢坠落。

① 当乘客按下电梯的召唤按钮时，控制面板会向微处理器发送信号。微处理器指挥电动机工作，轿厢开始移动，去往乘客所在的楼层。

② 缆绳在电动机的带动下升降轿厢和配重。

③ 轿厢借助于滚柱和轨道升降。滚柱和轨道安装在电梯井的两侧。

④ 轨道上安装有传感器，指示轿厢将要到达的楼层。这个信息会使电动机的速度发生变化。在即将到达目的楼层时，轿厢升降速度逐渐减缓，然后停下。

⑤ 传动系统和传感器使轿厢的地面与厢外地面一致，然后指示梯门系统将门打开，让乘客进出。

⑥ 接着微处理器根据乘客选择的目的楼层将乘客送达。

电梯里的配重有什么作用

当轿厢上升时，配重下降；轿厢下降时，配重上升。如果没有配重，电动机就需要急刹车才能让轿厢下降，也需要极大的力量才能让轿厢上升。

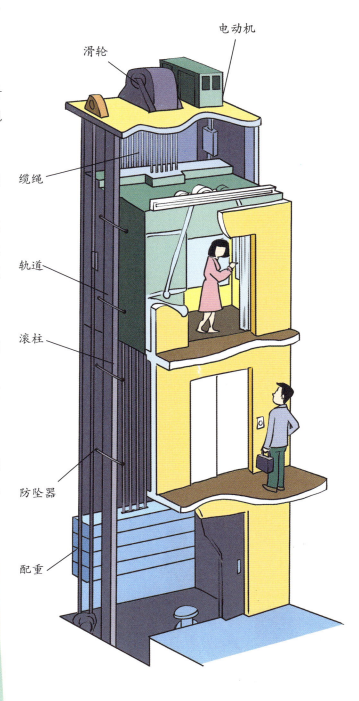

电动机

滑轮

缆绳

轨道

滚柱

防坠器

配重

6. 安检机是怎么工作的

安检机，是我们乘坐火车、地铁、飞机等公共交通工具时，经常会接触到的机器。进行安检是保障旅客人身安全的重要预防措施，所有旅客都必须接受安检机的检查。安检机也是口岸检查（包括边防检查，海关检查，卫生检疫，动、植物检疫和安全检查等）必不可少的辅助工具之一。

❶ 安检机主要用于检查行李和包裹。机内装有 X 线扫描仪，上面有多个 X 线照相机，可以全方位地拍摄行李的 X 线照片。

X线照相机

行李

❷ 安检员在电脑上即可看到行李内部的三维图像。

❸ 被检物体的不同材质，使它们具有不同的构成和密度，会在显示屏上显示不同的颜色。X 线能够很容易地穿过密度小的物体，但很难穿过重金属等密度较大的物体。

安检机有辐射吗

　　安检机有辐射。其实，我们周围存在着很多的电磁辐射，如电台、电视台、手机塔、高压线、电脑、电视、微波炉、电磁炉、手机等，任何电子产品都有一定的电磁辐射。相对于这些产品，安检机的电磁辐射微乎其微。因为安检机是弱磁场感应技术，功率非常小，比手机通话时的功率要小很多倍，比电脑显示器的辐射也小。所以安检机是安全的。

安全检查分几种

　　口岸在安全检查中一般有四种检查方法：
　　1. 探测检查门（即"安检门"），用于对旅客的身体检查，主要检查旅客是否携带禁带物品。
　　2. X线安检设备（即"安检机"），主要用于检查旅客的行李物品。
　　3. 磁性探测器（也称"手提式探测器"），主要用于对旅客进行近身检查。
　　4. 人工检查（也称"手检"），即由安检员对旅客的行李进行手工翻查和由男女安检员分别对男女旅客进行搜身检查等。

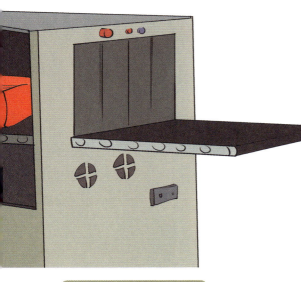

安全检查不存在任何特殊的免检对象，所有人都必须经过安全检查。

安全检查的内容主要是检查旅客及其行李物品中是否携带枪支，弹药，易爆、腐蚀、有毒、放射性等危险物品，拒绝检查者不准通过。

　　❹ 安检员如发现可疑物品，再进行开包检查。

7. 互联网是怎样传送数据的

20世纪60年代，互联网只用于军事领域，计算机之间可以简单通信。现在，互联网已发展为一个世界性的巨大网络，帮助我们发送信息、买卖商品、接受教育以及休闲娱乐，让全世界的人能够互相沟通。

在网络传输中，传送的可以是电子邮件、照片、网页等，也可以是其他文件。它们不是作为一个整体在网络里传输的，每个都被划分为若干个数据包（也称数据碎片），传送到目的地后再重新组合起来。

神奇的互联网

在互联网中，交换机、路由器等网络设备，各种不同的连接链路，种类繁多的服务器和数不尽的计算机、终端都是参与其中的重要元素。使用互联网可以将信息瞬间发送给千里之外的人，它是当下信息社会的基础。

互联网始于1969年美国的阿帕网，是网络与网络之间所串连成的庞大网络，这些网络以一组通用的协议相连，形成逻辑上的单一巨大国际网络。

拆分文件的意义不仅在于更加顺畅地传输，而且还能避免因部分线路中断造成传输失败，数据包可以重新选择畅通的路径抵达目的地。

数据包和路由器是维系互联网正常运转的核心。路由器的作用是识别每个数据包的最终目的地，并且帮助这些数据包寻找最佳路径。

❶ 文件发送。当发件人传送一份文件时，信息通过供应商提供的服务器在网络上传输，传送的文件内容可以是电子邮件、照片、网页等，也可以是其他内容。文件通过互联网，开始了它从一台计算机到另一台计算机的旅程。

❷ 数据包。文件被拆分成若干个部分，称为"包"。每个包都携带有三个方面的信息：拆分后的编号、发送者和接收者地址（即通信协议地址，也称 IP 地址）。网络中的每个主机都有一个唯一的网络协议地址（即 IP 地址），相当于它在网络上的身份证，或者人们的家庭住址。接收者地址确切定位了这些文件必须被送达的目的主机。

❸ 路径选择。当数据包在网络中传输时，路由器会帮助它们选择最佳的传输路径。在到达目的地之前，一个数据包通常有多个路由器指引，所以来自同一个文件的不同数据包，所走的路径也不相同。

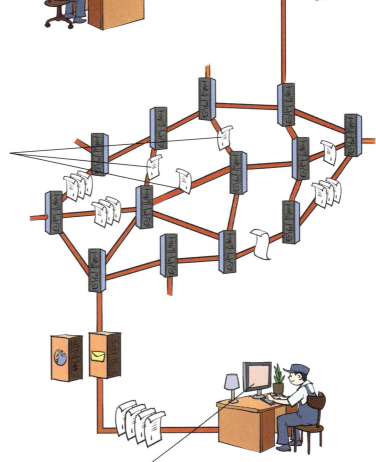

❹ 文件重组。当数据包全部到达目的主机时，服务器按照每块信息的顺序编码重新把文件组合起来，最后收件人就会收到一个完整的文件，和发出时的一模一样。整个传输过程从拆分到重组是很快的，如果是一张普通的照片，几秒钟即可完成。

8. 打印机是怎样打出图文的

打印机是计算机的外部输出设备之一，它可以将计算机中经过编辑和校对后的文件、数据、图片、信息等以黑色或彩色打印到各种载体（纸张、胶片、塑料薄膜等）上，以供保存和交流。在如今这个信息社会里，打印机的重要性是非常明显的，尤其是在办公领域，打印机更起着越来越重要的作用。下面，就让我们来了解一下打印机的基本工作原理，从而对与我们工作生活息息相关的打印机有一个更加深入的认识。

① 硒鼓和滚筒表面充满了电荷。

② 硒鼓旋转时，打印机发出的激光通过硒鼓表面，将一些电荷释放掉，这样激光就以电荷图案的形式将需要的文件绘制成了一幅静电图像。

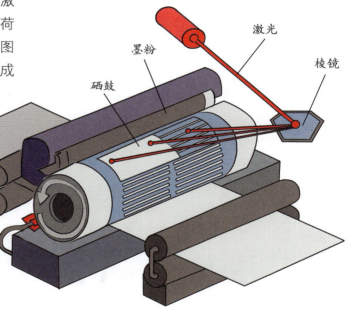

激光　墨粉　棱镜　硒鼓

激光打印机

打印机的种类

打印机的种类繁多，1885 年全球第一台打印机出现，到后来发展出了各种各样的打印机。

打印机按工作方式分为以下几种：针式打印机、喷墨打印机、激光打印机和热蜡式打印机等。它们的原理不同，打印材料也不同。

③ 滚筒滚动时，墨盒中带正电荷的墨粉会吸附在带负电荷的区域（文字和图像部分），最后，经过烘烤加热，墨粉固定在纸面上。

激光打印机使用的墨是一种极其微细的粉末——墨粉。

喷墨打印机使用黑色或彩色的液体墨作为打印材料，把极细的墨滴喷射到纸张上，从而生成文字和图像。

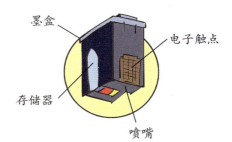

墨盒
电子触点
存储器
喷嘴

① 我们发出"打印"指令，电脑将信息传送给打印机。

② 控制电路启动进纸步进电机，辊子将纸盘里的纸送入打印机。

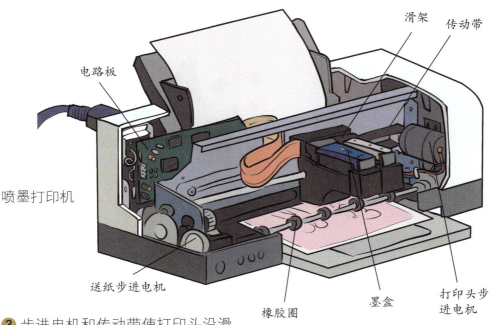

滑架　传动带

电路板

喷墨打印机

送纸步进电机

橡胶圈　墨盒　打印头步进电机

③ 步进电机和传动带使打印头沿滑架移动。

如何评判打印机质量

衡量打印机好坏的指标有三项：打印分辨率、打印速度和噪声。分辨率越高、打印速度越快、噪声越小的打印机，其打印质量及性能越优。

④ 打印头中无数的喷管喷出细小的墨滴，精确含量的四种颜色（青色、品红、黄色和黑色）可以组合成任何颜色。

⑤ 每个喷墨过程之后，送纸滚轮带动纸张向前移动一小段距离，移动的方向与打印头运动的方向垂直，于是打印头就会一行行扫过纸张，打出整张纸上的图文。

9.为什么 3D 打印机可以打印出高楼大厦

3D 打印机（3D Printers）又称"三维打印机"，是一位名为恩里科·迪尼的发明家设计的一种神奇的打印机。它不仅可以"打印"出一幢完整的建筑，甚至可以在宇宙飞船中给宇航员打印任何形状的物品，无须再从地球运输零部件。

3D 打印是一种累积制造技术（即快速成型技术），它以数字模型文件为基础，运用特殊蜡材、粉末状金属或塑料等可黏合材料，通过逐层地聚集黏合材料来制造具有深度和高度的三维物体。

首先利用三维造型软件设计出产品的三维实体模型。

利用处理软件将设计出的三维实体模型离散、分层。

3D 打印机与传统打印机的区别

它们最大的区别在于：3D 打印机使用的"墨水"是实实在在的原材料，可用于打印的"墨水"种类繁多，包括塑料、金属、陶瓷、橡胶、各种食品的材料等。3D 打印机还能结合不同"墨水"，使打印出来的物体一头坚硬而另一头柔软。

立体信息　激光器　透镜　转换　分层数据　打印

将离散后的数据输入 3D 打印设备进行制造。

① 软件建模。先通过计算机建模软件设计好产品的模型，如果有现成的模型也可以，如建筑模型、动物、人物甚至食品。

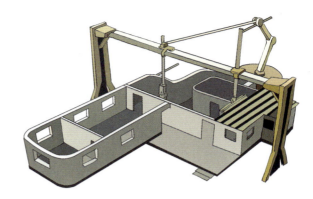

用3D打印机打印一个一居室的房子

② 切片。利用电脑辅助设计技术（CAD）对模型进行数字切片，读取每一个横截面信息。3D打印其实就是将每个切片制作成连续的薄层，然后堆叠起来，直到形成一个固态的立体物体。

扫描系统
升降台
刮平器
光敏树脂
成型零件
托板
液槽

③ 打印输出。3D打印与激光成型技术一样，采用了分层加工、叠加成型来完成3D实体打印。每一层的打印过程分为两步，首先在托盘上喷洒一层特殊胶水，胶水液滴很小且不易扩散。然后是喷洒一层均匀的粉末，粉末遇到胶水会迅速固化黏结。这样一层胶水一层粉末交替进行，每制作好一层，托盘就自动下降一小段距离，以供下一层堆叠上来。最后将产品"打印"成型。

10. 扫描仪怎样把照片放进电脑

扫描仪（Scanner），是将平面的文字或图像信息转换为数字信号的装置。简单说，就是把纸上的文字或图形搬到电脑上。扫描仪的扫描对象不仅可以是文字、照片、图画，还可以是纺织品、标牌面板、印制板样品等。

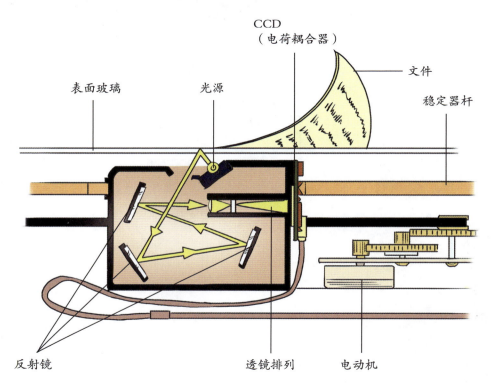

扫描仪示意图

扫描仪最主要的技术指标是分辨率，其单位为 dpi。它决定了扫描仪所记录图像的细致度。但并非分辨率越高，扫描仪的品质就越好。通常情况下，扫描仪的分辨率为 300 ~ 2 400 dpi。

当分辨率超过这个范围时，只会使图像文件增大而不易处理，并不能对图像质量产生显著的改善。对于普通应用而言，扫描的分辨率在 600dpi 左右，就可以放心使用了。

◎ 扫描仪的工作步骤

扫描仪的工作原理是利用光电技术和数字处理技术，以扫描方式将文字或图像信息转换成计算机可以显示、编辑、存储和输出的文档。

扫描仪可以把文件转化成数字信号，然后传递给电脑。

❶ 将文档正面朝下放在扫描仪的玻璃平板上。

❷ 光源发出光，照射在文档上。光源从一端移动到另一端，可以确保把文档的每一行都照射到。

❸ 文档反射回来的光经过多个反射镜的反射，照射到透镜上。

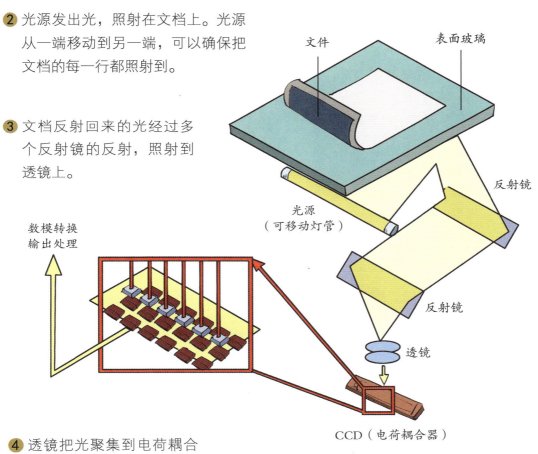

❹ 透镜把光聚集到电荷耦合器上。

❺ 电荷耦合器把文档的光信号转换成数字信号，传给电脑。

❻ 电脑把数字信号重新组合成文档。

11. 灭火器灭火的原理是什么

灭火器是人们生活中常见的灭火工具，它红红的罐体，总是出现在不起眼的角落里。它平时往往被人冷落，但紧急情况下却会大显身手。

◎干粉灭火器

干粉灭火器是一个坚固的气罐，里面装着干粉灭火剂（干燥且易于流动的微细粉末）。气罐内还有一个高压小气罐，里面充满了气体，小气罐是密封的，这样气体才不会逸出，等需要的时候再把气体释放出来。下面教你怎样用干粉灭火器灭火吧！

发生燃烧的三要素

这三个缺一不可的要素是：①燃料；②热量；③氧气。因此，只要消除了三要素中的一个，火便会熄灭。所以，灭火器的设计就是消除三要素中的至少一个。大多数灭火器的灭火原理都一样，就是切断氧气供给，所以灭火器其实是把火闷熄的。

❷ 按下操作杆，操作杆会推动作用杆。

❸ 作用杆会把弹簧瓣压下以打开通向喷嘴的通道。

❶ 打开安全阀。一般是一个拉环，把它拉出。

❹ 作用杆底部有尖刺，会把装有密封气体的小气罐刺穿。

❺ 压缩气体逸出来，对灭火材料产生向下的压力。这会使灭火材料通过虹吸管猛力喷出喷嘴。

◎泡沫灭火器

　　泡沫灭火器内有两个容器，分别盛放两种液体，它们是浓盐酸和碳酸钠溶液。桶体内装有碳酸钠水溶液，瓶胆内装有浓盐酸瓶，胆口有铅塞，用来封住瓶口。两种溶液在罐内互不接触，不发生任何化学反应，所以平时千万不能碰倒泡沫灭火器。当需要灭火时，把泡沫灭火器倒立，两种溶液混合在一起，就会产生大量的二氧化碳气体。除了两种反应物外，灭火器中还加入了一些发泡剂。打开开关，泡沫从灭火器中喷出，覆盖在燃烧的物品上，使燃着的物品与空气隔离，并降低温度，达到灭火的目的。

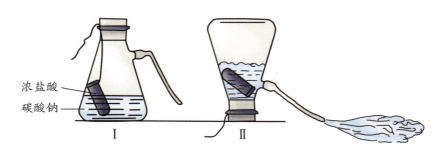

泡沫灭火器的原理

◎二氧化碳灭火器

　　二氧化碳灭火器的灭火材料就是二氧化碳，它具有较高的密度,约为空气的1.5倍。在常压下，液态的二氧化碳会立即汽化，一般1千克的液态二氧化碳可产生约0.5立方米的气体。因而，灭火时，二氧化碳气体可以驱赶包围在燃烧物周围的氧气，包围在燃烧物体的表面，降低可燃物周围的氧浓度，产生窒息作用而灭火。另外，二氧化碳从储存容器中喷出时，会由液体迅速汽化成气体，而从周围吸收部分热量，起到冷却的作用。这种灭火器还不会污染其他器具。

二氧化碳是怎么做出来的呢

　　一般是碳酸氢钠（普通小苏打）、碳酸氢钾（与小苏打相似）或磷酸二氢铵组成的化学干末或者干粉。小苏打在70℃时就开始分解，释放出二氧化碳。除了化学反应之外，这些干粉还可以像一层毯子一样把火苗包裹住。

正确使用灭火器的方法

　　把它的喷口直接对准燃料，而不是火焰本身，而且需要左右来回喷洒。大多数灭火器只含有少量的灭火材料，几秒钟就会使用完毕。

12. PM2.5 口罩是如何防尘的

PM2.5，是最近几年才为人们熟悉的概念。PM 的英文全称是 particulate matter，意思是"细颗粒物"。PM2.5 是指直径≤2.5 微米的颗粒物。它在空气中含量越高，代表空气污染越严重。PM2.5 与其他颗粒物相比，粒径小，富含大量的有毒、有害物质，且在大气中的停留时间长、输送距离远，对人体健康和大气环境质量的影响更大。因此，出门的时候，佩戴 PM2.5 口罩是十分必要的。

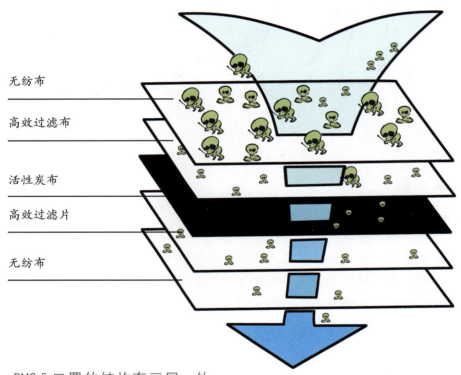

无纺布

高效过滤布

活性炭布

高效过滤片

无纺布

PM2.5 口罩的结构有三层，外层是抗菌面料，材质为碳纤维毡垫、高分子织物、无纺布等；中间层是保暖填充物；内层是 PM2.5 滤片，滤片中间加入了无粉尘颗粒活性炭，滤片经过纳米银杀菌剂的处理，滤性在 95%~99%。

PM2.5 口罩采用了空气过滤材料技术，0.25 微米的级别，可以防范病毒侵入。传统活性炭纤维口罩是在过滤纤维上抹上一层炭粉，纤维布内有一部分细微炭粉颗粒物，对于患有肺部疾病的使用者有一定的影响。而经过精致处理过的无粉尘颗粒活性炭不仅能深度净化粉尘，还可以吸附有毒气体，进一步提高口罩的安全性。

了解了 PM2.5 口罩的"工作原理"后，让我们一起来看一下它的佩戴方法。它可不是一个普通口罩哦，所以佩戴的时候，也需要格外细心。

1 先将头带每隔 2~4 厘米处拉松，手穿过口罩头带，金属鼻位向前。

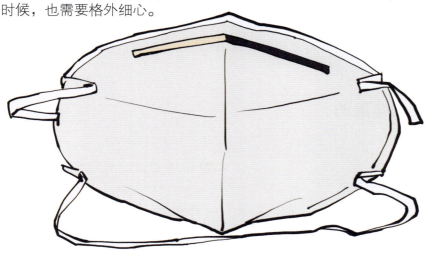

2 戴上口罩并紧贴面部，上端头带放于头后，下端头带拉过头部，置于颈后，调校至舒适位置。

3 双手指尖沿着鼻梁金属条，由中间至两边，慢慢向内按压，直至紧贴鼻梁。

4 双手尽量遮盖口罩并进行正压测试。即双手遮盖口罩，大力呼气，如空气从口罩边缘溢出，则佩戴不当，须再次调校头带及鼻梁处。PM2.5 口罩采用立体式设计，与人体生理构成相一致，解决了呼吸困难、缺氧头晕等问题。

PM2.5 危害有多大

直径 10 微米左右的颗粒物会被鼻腔绒毛阻挡，进入呼吸道的部分，也会随痰液排出体外，对人体危害相对较小。而 PM2.5 进入人体的肺泡后是无法排出的，对人体健康的危害是永久的。全球每年约有 210 万人死于 PM2.5 等颗粒物浓度上升。研究显示，人类的平均寿命因为空气污染很可能已经缩短了 5 年半。

PM2.5 从哪里来

它主要来自燃煤、燃气或燃油排放的烟尘。发电、冶金、石油、化学、纺织印染等各种工业都会排放废气，以汽油、柴油为燃料的交通工具在行驶时会排出尾气，甚至烹调的烟雾，都会造成 PM2.5 的增加。

13. 怎样用体温计测量体温

体温计是生活中常用的工具，当人们有发烧症状时，都会使用体温计进行测量，它是每个医院和家庭的必需品。记得小时候，每次发烧，看到护士拿着体温计在空中甩来甩去，都会觉得不可思议。那么，体温计究竟是怎么测量出体温的呢？

◎ 体温计是怎样测出体温的

① 体温计的一端是一个小液泡，里面充满了水银。液泡连接着一个细细的管腔，水银可以从液泡中流入管腔。

② 将体温计带有液泡的一端与人体接触，开始测量人体温度。

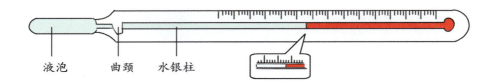

液泡　　曲颈　　水银柱

③ 液泡的温度上升，使水银膨胀，水银上升到细管中。由于液泡的容积比细管的容积大得多，所以水银柱的长度会发生明显的变化。

④ 几分钟后，当液泡与体温达到热平衡时，水银柱不再上升。水银柱末端所在的刻度即体温，可精确到 0.1℃。

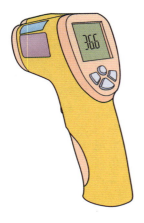

额温体温计

⑤ 将体温计拿出，显示的体温也不会有变化。这是因为液泡与细管连接处的管颈有一个更为狭窄的曲颈，当液泡里的水银温度降低时，收缩很快，使得水银柱在曲颈处断开，已升入细管内的水银退不回来，所以水银柱不再下降。因此，体温计是一种最高温度计，它可以记录此温度计所曾测定的最高温度。

❻ 用后的体温计应"回表"，即拿着体温计的上部用力往下猛甩，可使已升入细管内的水银重新回到液泡里。其他温度计绝对不能甩动，这是体温计与其他液体温度计的一个主要区别。

玻璃体温计

◎体温计里的水银有什么作用

体温计又称"医用温度计"。它的工作物质是水银，利用水银受热膨胀，在带有刻度的细管中达到一定长度，即显示出体温来。

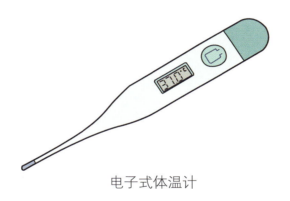

电子式体温计

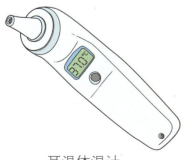

耳温体温计

第一个体温计是伽利略在16世纪时发明的，但直到300年后才设计出使用方便、性能可靠的体温计。1714年，加布里埃尔·华伦海特研制了在水的冰点和人的体温范围内设定刻度的水银体温计。但这种体温计体积太大，没有得到推广。1867年出现了长度只有约15厘米的体温计，它能快速而准确地测量体温。1988年，出现了电子呼吸脉搏体温计，可以进行遥测。

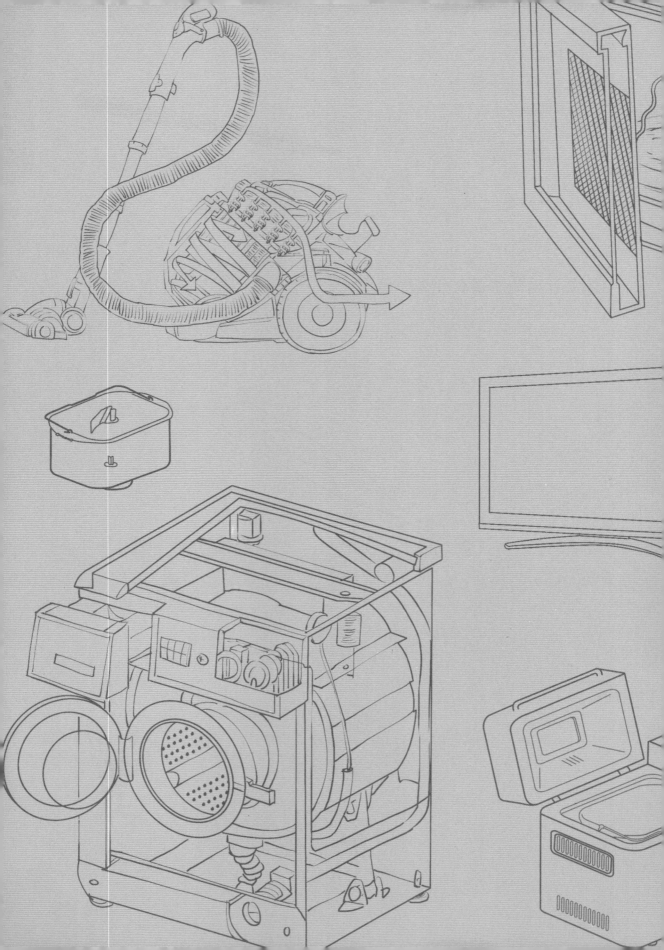

勤劳能干的家用电器

14. 液晶显示器如何呈现完美图像

无论是工作、学习、生活、还是娱乐，现代人都已离不开两样东西，那就是电视和电脑。对比度、亮度、更快的响应时间、画质以及是否低碳环保，都成为人们在挑选电脑和电视时所考虑的条件。而液晶显示器的出现，填补了这一空白。那么，什么是液晶和液晶显示器呢？下面，就让我们一同来了解一下。

液晶，即液态晶体（liquid crystal, LC）。它是一种以碳为中心构成的高分子材料。人们熟悉的物质状态有三种：气、液、固。液晶是一种介于结晶态和液态之间的物质，它兼有液体和晶体的某些特点。

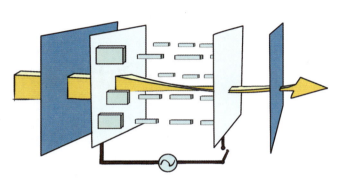

光线穿透示意图

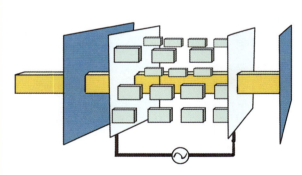

极化滤光器光线阻断示意图

1888 年，奥地利植物学家 Reinitzer 合成了一种奇怪的有机化合物，它有两个熔点。把它的固态晶体加热到 145℃时，便熔成液体，只不过是浑浊的，而一切纯净物质熔化时都是透明的。如果继续加热到 175℃时，它似乎再次熔化，变成清澈透明的液体。这种流动性结晶由此得名为液晶。

LED 电视有什么性能

在人们的印象中，似乎 LED 比 LCD 更先进，其实这是一种误解。家用 LED 电视实际上是 LCD 电视的一种。

LED 的全称是 light emitting diode，译为"发光二极管"。它对电流的通过非常敏感，极小的电流就可以让它发光，而且寿命长，能够长时间闪烁而不损坏。

LED 电视严格的名称是"LED 背光源液晶电视"，它用 LED 光源替代了传统的荧光灯管，画面更优质，理论寿命更长，制作工艺更环保，并且能使液晶显示面板更薄。

◎液晶显示器是如何成像的

液晶显示器的英文名称是 liquid crystal display，简称 LCD，液晶电视也称 LCD 电视。液晶显示器的原理，就是在两张玻璃之间的液晶内加入电压，通过分子排列变化及曲折变化再现画面，屏幕通过电子群的冲撞制造画面，并通过外部光线的透视反射来形成画面。

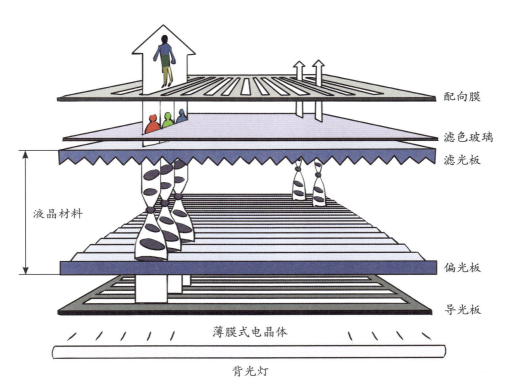

LCD 的工作原理

液晶显示器具有机身薄、节省空间、省电、低温、低辐射、画面柔和不伤眼等特点。

15. 等离子显示器是如何成像的

等离子显示器又称电浆显示器，英文名称是 plasma display panel（简称 PDP）。它采用等离子平面屏幕技术制造，是继 CRT（阴极射线管）、LCD（液晶显示器）后的最新一代显示器。

等离子显示器的本质与荧光灯发光的原理相同。一个等离子显示器含有数百万个小型彩色荧光灯管（也可称等离子管），它们排列在一起构成屏幕，共同形成图像。

等离子显示器的每个像素的成像都由红色、绿色和蓝色这三种不同颜色的荧光灯管来实现，即每个像素包含三个次像素。每个荧光灯管都含有自身颜色的磷光体，由像素的明暗和颜色变化组合产生各种灰度和色彩的图像。

等离子管是如何发光的呢？和荧光灯一样，它通过一股电流对气体（氙气和氖气混合物）加压来制造等离子。被加压的等离子中的原子释放出不可见的紫外线光子，这些光子刺激红绿蓝三色磷光物质来释放可见光。

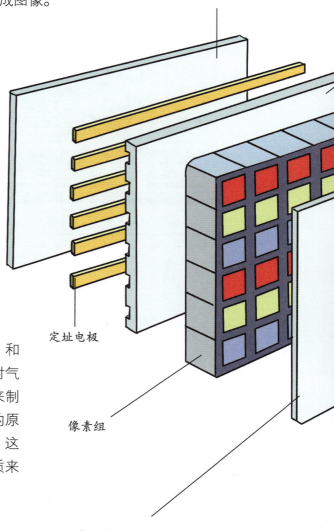

后玻璃板

定址电极

像素组

氧化镁保护层

一个显示器包含数百万个像素点，而每个像素又包含三个次像素点，即绿色、蓝色和红色。

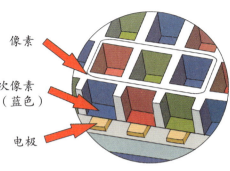

像素

次像素（蓝色）

电极

定址保护层

像素槽

透明显示电极

前玻璃板

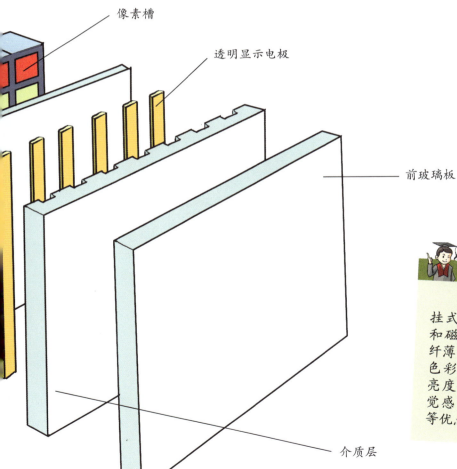

介质层

等离子彩电

等离子彩电又称"壁挂式电视"，不受磁力和磁场影响，具有机身纤薄、重量轻、屏幕大、色彩鲜艳、画面清晰、亮度高、失真度小、视觉感受舒适、节省空间等优点。

16. 洗衣机是如何把人们从家务中解救出来的

洗衣机是一项非常伟大的发明，衣物在洗涤过程中不缠绕、洗涤均匀、磨损小，而且就连羊绒、羊毛、真丝衣物也能在机内洗涤。这无形中将人们从繁重的洗衣劳动中解放了出来，使人们穿着干净、整洁、卫生的衣物的同时，让我们有拥有了更多的时间去工作和娱乐。

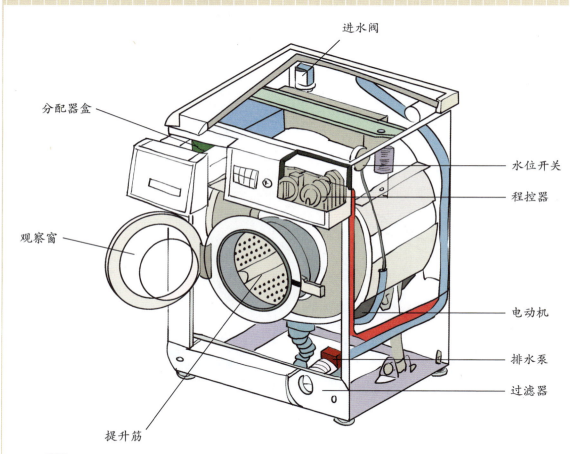

进水阀

分配器盒

水位开关

程控器

观察窗

电动机

排水泵

过滤器

提升筋

洗衣机有几种呢

常见的洗衣机有滚筒式、波轮式和搅拌式等。滚筒式洗衣机发源于欧洲，波轮式洗衣机流行于日本、中国、东南亚等地。

波轮式洗衣机流行于日本、中国、东南亚等地。它的结构由洗衣桶、电动机、定时器、传动部件、箱体、箱盖及控制面板等组成。

打开洗衣机的上盖，会看到一个圆柱形的缸筒，缸壁布满小孔，缸底有一个大大的波轮，这是洗衣桶的内缸。在洗衣服的时候，内缸是可以旋转的，而且水会从小孔中流出去。

在内缸的外面还有一个我们看不到的外缸，外缸是固定的，它的底部和四周是密封的，防止水分外流。

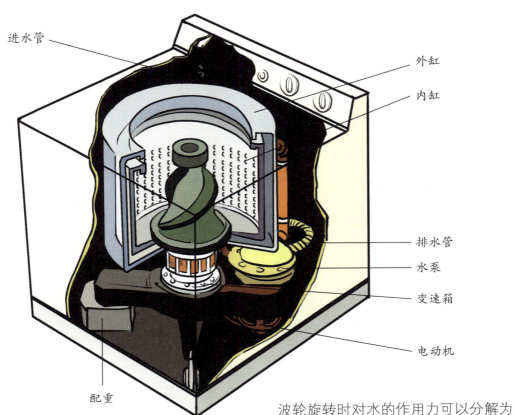

进水管

外缸

内缸

排水管

水泵

变速箱

电动机

配重

装在洗衣桶内缸底部的波轮可以产生正、反两个方向的旋转，带动衣物上、下、左、右不停地翻转，使衣物之间、衣物与桶壁之间，在水中进行柔和的摩擦，再加上洗涤剂的作用，污垢就从衣服上脱离了。

波轮旋转时对水的作用力可以分解为与转轴平行方向的轴向分力及在波轮平面内的切向分力和径向分力。轴向分力可以减少衣物与波轮的摩擦；切向分力使水产生水平方向的涡流；径向分力可以将水甩向桶壁，使之沿桶壁上升，造成波轮中心区的负压。因压力差的作用，四周的水迅速向下流动，以弥补波轮四周的水，这样就形成了洗衣桶内上、下翻滚的流场。

17. 冰箱为什么里面冷外面热

炎炎夏日，来一支可口的冰激凌，或者两块冰镇西瓜，在今天看来，是伸手可及的享受，但在20世纪以前，却是普通人很难实现的奢望。现在，冰箱已是人们日常生活中不可缺少的家用电器，没有冰箱的生活是不可想象的，冰箱使我们的生活节约和健康。那么，冰箱是怎么工作的呢？

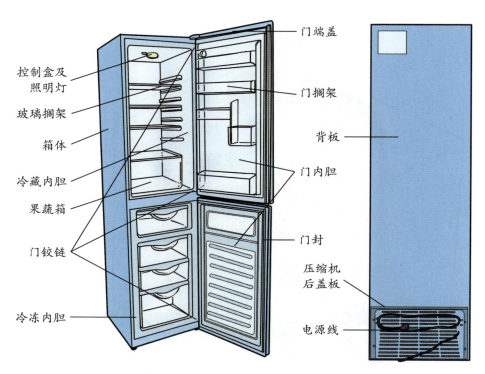

控制盒及照明灯

玻璃搁架

箱体

冷藏内胆

果蔬箱

门铰链

冷冻内胆

门端盖

门搁架

背板

门内胆

门封

压缩机后盖板

电源线

什么是"无氟"冰箱

"无氟"冰箱正确的叫法应称"无CFC"冰箱，是指冰箱的制冷剂中不使用CFC12（R12），并且箱体泡沫绝热层的发泡剂不使用CFC11。因为无氟冰箱中不含氟氯烃（CFCs），不会对大气臭氧层造成破坏，所以又称绿色冰箱。

冰箱的结构包括什么

冰箱的主要结构有：保温箱体和门体、制冷系统、电器系统、应用附件。其中制冷系统由压缩机、冷凝器、防漏管、毛细管、蒸发器、温度调节器、干燥过滤器、制冷剂等构件组成。

◎压缩机是怎样让冰箱变冷的

1 冰箱里有个温度调节器，当它检测到冰箱内的温度过高时，就会启动制冷系统，开始制冷。

2 蒸发器是一组盘曲的金属管，安装在箱体里，液态制冷剂从蒸发器中流过时，会吸收周围的热量，然后变为气态。金属管如果展开，有好几米长，以便与冰箱内的空气充分接触。

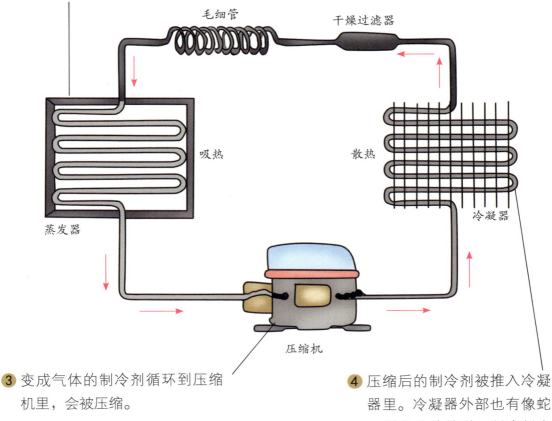

毛细管　　　　　　干燥过滤器

吸热　　　　　　　散热

蒸发器　　　　　　　　冷凝器

压缩机

3 变成气体的制冷剂循环到压缩机里，会被压缩。

4 压缩后的制冷剂被推入冷凝器里。冷凝器外部也有像蛇一样盘曲的管道，制冷剂在这里再次变冷，成为液体，并将热量散发出来。这就是为什么冰箱后面会发热。

5 就这样，制冷剂在冰箱长长的管道里不停地流动，直到冰箱里的温度降低。当温度降到适合存放食物的时候，温度调节器就会控制压缩机，让它停止工作。

18. 空调是怎么把房间变凉快的

夏天的时候，我们都非常喜欢吹空调，它可以给我们一个凉爽的室温，让我们摆脱大汗淋漓。空调的发明大大提高了人们的生活质量，无论是春夏秋冬，我们的室内永远温暖适宜，清爽无比。现在的空调还具有清新空气的作用，为人们的健康提供了很大的保障。人类是如何发明空调的呢？空调还有什么奇特的功效呢？一起来看看吧。

在 20 世纪六七十年代，美国发生罕见的干旱天气，为解决干旱缺水地区的空调冷热源问题，美国率先研制出风冷式冷水机，用空气散热代替冷却塔。

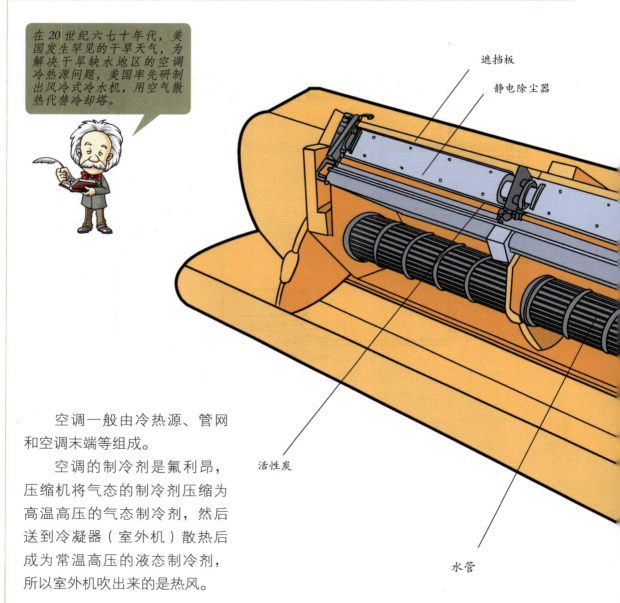

遮挡板

静电除尘器

活性炭

水管

空调一般由冷热源、管网和空调末端等组成。

空调的制冷剂是氟利昂，压缩机将气态的制冷剂压缩为高温高压的气态制冷剂，然后送到冷凝器（室外机）散热后成为常温高压的液态制冷剂，所以室外机吹出来的是热风。

然后到毛细管，进入蒸发器（室内机），由于制冷剂从毛细管到达蒸发器后空间突然增大，压力减小，液态的制冷剂就会汽化，变成气态低温的制冷剂，从而吸收大量的热量，蒸发器就会变冷，室内机的风扇将室内的空气从蒸发器中吹过，所以室内机吹出来的就是冷风。

为什么空调会出水

空调中的制冷剂到达蒸发器以后，由于空间增大，压力减小，液态的制冷剂就会汽化，变成气态低温的制冷剂，从而吸收大量的热量，蒸发器就会变冷。空气中的水蒸气遇到冷的蒸发器后就会凝结成水滴，顺着水管流出去，这就是空调会出水的原因。

制热的时候有一个叫四通阀的部件，使制冷剂在冷凝器与蒸发器的流动方向与制冷时相反，所以制热的时候室外机吹的是冷风，室内机吹的是热风。

热量表（检测能耗）

电动调节阀

空调回水管

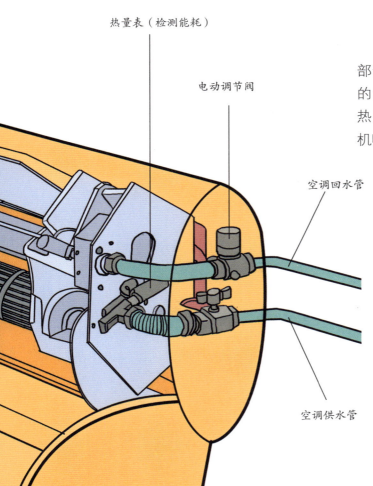

空调供水管

空调的普及

空调的普及主要是通过电影院。大多数美国人是在电影院第一次接触到空调的。20世纪20年代的电影院利用空调技术，承诺为观众提供凉爽的空气，使空调变得和电影本身一样吸引人，而夏季也取代了冬季成为看电影的高峰季节。随后出现了大量全年开放的室内娱乐场所，如赌场、室内运动场和商场，这些都得归功于空调的出现。

047

19. 微波炉为什么能加热食物

微波炉，顾名思义，是指一种能用微波加热食品的现代化烹调灶具。随着人们生活水平的不断提高和住房条件的不断改善，家用和类似用途电器中的厨房电器得到了广泛的应用和发展。微波炉作为厨房电器中的一大类产品，具有品种繁多、功能各异、使用方便的特点，给我们的生活带来了很大的便利。

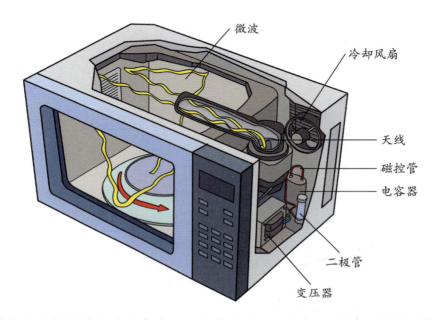

微波
冷却风扇
天线
磁控管
电容器
二极管
变压器

每种食品中都会或多或少含有一定量的水分，而水是由极性分子组成的，当微波辐射到食品上时，这种极性分子的取向将随微波场而变动。

由于食品中水的极性分子的这种运动以及相邻分子间的相互作用，产生了类似摩擦的现象，使水温升高，因此，食品的温度也就上升了。

你知道微波炉最早的名称吗

微波炉最早的名称竟然是"爆米花和热团加热器"，很生动吧？因为微波炉最开始的产品就是爆米花，因此得名。由于用微波烹饪食物又快又方便，因此也有人诙谐地称之为"女性的解放者"。

微波炉如何产生微波

微波是一种电磁波，可以令周围的物体发热。微波炉由电源、磁控管、控制电路和烹调腔等部分组成。电源向磁控管提供高压，磁控管在电源的激励下，可以产生连续的微波。

水分子（H_2O）由氢原子（H）和氧原子（O）构成。

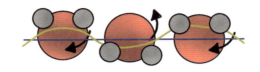

在微波的作用下，正负电荷被牵引到两个方向。水分子每秒钟大约转动 30 亿次，这样水的温度就会上升，脂肪、糖分和蛋白质也随之升温。

② 金属管把微波引导到搅拌器。

① 用大功率变压器供电，电源向磁控管提供大约 1000 伏高压，就可以产生微波。

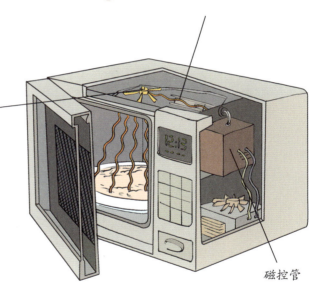

搅拌器

磁控管

你知道微波炉最初的模样吗

20 世纪 40 年代，微波炉大多用于工商业。1947 年，斯本塞所在的雷声公司推出了第一台家用微波炉，最早上市的微波炉大约有 1.8 米高，重达 340 千克，使用时还必须用冷水冷却，而且这种微波炉成本太高，寿命太短，从而影响了微波炉的推广。1965 年，乔治·福斯特对微波炉进行大胆改造，与斯本塞一起设计耐用并且价格低廉的微波炉。在之后的岁月里，技术人员不断缩小微波炉的尺寸，终于使它成为大多数家庭买得起的"魔术师"。

③ 搅拌器是带有金属叶片的风扇，平坦的金属表面可以反射微波，会把微波平均分散到炉内各个角落，从而使食物能被均匀加热。

20. 如何在家里用面包机自制美味

面包机对于我们来说，还不算很普及，但是对于西方国家来说却是家家户户都有的，主要是因为我们的饮食习惯不同。面包机的发明，为欧美国家的居民提供了很多便利，他们不用再大汗淋漓地烘烤面包，也不用排长蛇队去购买了，简简单单地在自己家里做就好。那么面包机是怎么来的呢？它有哪些神奇的功能呢？

顾名思义，面包机就是烤面包的机器，就是根据设置的程序，放好配料后，自动和面、发酵、烘烤成各种面包的机器。面包机一共有两种，家用和商用。

那么面包机怎么做面包呢？没接触过面包机的人肯定觉得面包机的工序十分的复杂，其实完全不然，它很简单。面包机制做面包，主要有和面、发酵和烘烤三个过程。面包机的原理就是利用内置的电脑程序，把制作面包的三个过程予以固化，在固定的时间点发出和面、发酵或烘烤的指令，从而制作面包。

简单来说，面包机制作面包的典型过程是这样的：和面—发酵—整形—发酵—揉面—烘烤。下面是面包机的结构图：

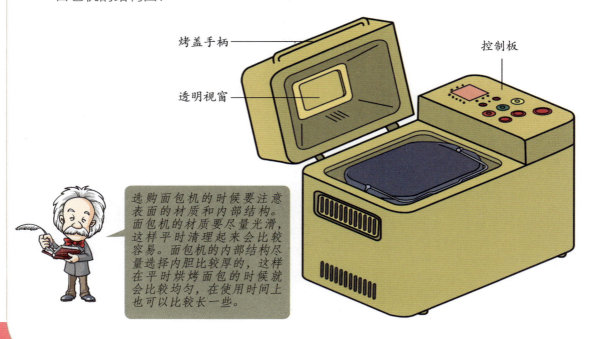

烤盖手柄

透明视窗

控制板

选购面包机的时候要注意表面的材质和内部结构。面包机的材质要尽量光滑，这样平时清理起来会比较容易。面包机的内部结构尽量选择内胆比较厚的，这样在平时烘烤面包的时候就会比较均匀，在使用时间上也可以比较长一些。

◎ 面包机的由来

　　面包机对于我们来说属于新型的家用电器，人们对此并不是很熟悉。很少有人知道是谁发明了第一个面包机，或者想出这个概念。

　　在没有面包机的时候，人们只能通过手工来制作面包。制作面包必须先用面粉和水以及其他配料混合成面团。

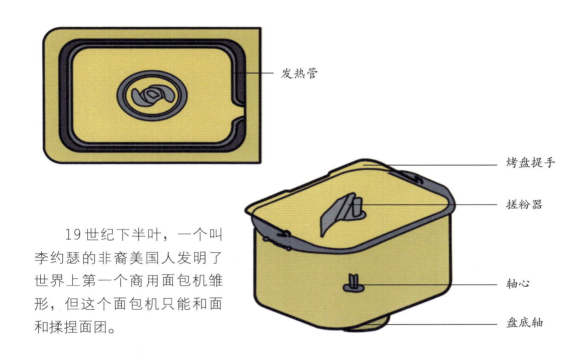

发热管

烤盘提手

搓粉器

轴心

盘底轴

　　19 世纪下半叶，一个叫李约瑟的非裔美国人发明了世界上第一个商用面包机雏形，但这个面包机只能和面和揉捏面团。

　　19 世纪末 20 世纪初，各个面包机制造商在李约瑟的面包机基础上，不断完善发展，终于使得面包机能自动做出完整的面包，现代真正意义上的面包机也由此诞生。但由于体形巨大，需占用巨大的面积，面包机在当时并未能普及到家庭。

　　随着科学技术的不断创新及发展，如今，面包机已是非常普遍的小家电了。它不仅外形小了很多，而且在设置好程序及放好配料后，就可以自动完成和面、发酵、烘烤等过程，使用起来十分简单和方便。

面包机只能做面包吗

　　答案是否定的，面包机的用途十分的广泛。面包机不但能制作面包，还能制作蛋糕、酸奶、米酒等。面包机强大的功能不仅能让用户轻松制作法式、欧式，全麦、米饭面包，还可以通过自设程序制作米糕、年糕、馅料，给坚果去壳、翻炒，甚至制作奶酪等美食。

21. 电磁炉为什么能把炊具烧得很热，自己却不热

电磁炉又被称为电磁灶，第一台家用电磁炉1957年诞生于德国。1972年，美国开始生产电磁炉，20世纪80年代初电磁炉在欧美及日本开始热销。

电磁炉是怎么工作的呢？它是利用磁场感应电流（又称涡流）的加热原理。

具体步骤是：通过电子线路板产生高频电流，电流通过螺旋状的磁感应圈产生磁场，当磁场内磁力线通过铁质器皿的底部时，磁力线被切割，从而产生无数小涡流，使铁质器皿自身的铁分子高速旋转并产生碰撞摩擦，产生的热能使器皿本身自行高速发热，然后加热锅内的食物。

④ 调节电磁炉面板上的控制按钮，可以增强或减弱磁场的强度，也即调节了电磁炉的火力。

⑤ 电磁炉的炉板是由玻璃做的，玻璃对磁感应圈不敏感，因此不会发热。

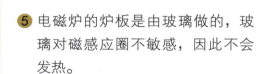

神奇的电磁炉

我们已经知道，电磁炉产生的磁场，可以激活铁锅和钢锅的电子，但电磁炉的炉板是玻璃的，磁场不能将它激活。所以炉板不会变热，热的锅底把热量传递给炉板，才使它有些温热。

为什么铁锅与电磁炉是最佳拍档

由于电磁炉是依靠锅底直接感应磁场产生涡流发热的，因此应选用符合电磁炉设计负荷要求的铁质（含铁、不锈钢）炊具，其他材质的炊具由于材料电阻率过大或过小，会造成电磁炉负荷异常而启动自动保护，不能正常工作。同时由于铁对磁场的吸收充分，屏蔽效果也非常好，这样减少了很多的磁辐射，所以铁锅比其他任何材质的炊具都更加安全。此外，铁是人体长期需要摄取的必要元素，对健康有益。

❸ 铁锅变热，又将热量传递给锅内的食物。

❷ 铁锅的电子被磁场激活，电子之间互相碰撞、摩擦，产生热量。

❶ 电流通过电磁炉内的铜线圈，产生磁场。

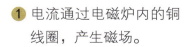

22. 消毒柜的工作原理是怎样的

说起消毒柜，作为中国人都会骄傲，因为它是由中国自主发明的家用电器之一。现在，越来越多的家庭注意到消毒柜的重要性，它已成为整体厨房不可缺少的一部分，为人类迎来了新的健康时代。

消毒柜是指通过紫外线、远红外线、高温、臭氧等方式，给食具、餐具、毛巾、衣物、美容美发用具、医疗器械等物品进行杀菌消毒、保温除湿的工具，外形一般为柜箱状。

若按照用途区分的话，消毒柜一般可分为商用消毒柜和家用消毒柜。商用消毒柜一般指的就是饭店用的消毒柜，如餐具消毒柜、毛巾消毒柜、筷子消毒柜、茶具消毒柜、鞋子消毒柜等；家用的消毒柜一般就是茶具、餐具或衣服消毒柜等，大多选用嵌入式，可以节省空间。

若按照消毒方式区分的话，消毒柜一般可分为高压蒸汽食具消毒柜、电热食具消毒柜、臭氧食具消毒柜、紫外线食具消毒柜和组合型食具消毒柜。组合型食具消毒柜由两种或两种以上消毒方法组合而成。

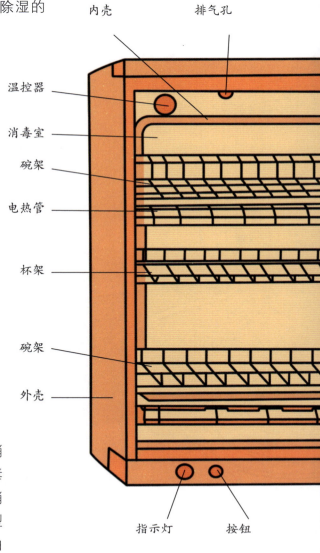

内壳　排气孔
温控器
消毒室
碗架
电热管
杯架
碗架
外壳
指示灯　按钮

消毒柜要"干用"。

采用加热消毒的消毒柜是通过红外发热管通电加热，柜内温度上升至120℃以上，才能达到消毒目的。而红外线加热器管的电极却很容易因为潮湿而氧化。如果洗完的碗还滴着水就放进消毒柜，其内部的各个电器元件及金属表面就容易受潮氧化，在红外发热管管座处出现接触电阻，易烧坏管座或其他部件，缩短消毒柜的使用寿命。

消毒柜并不是万能的

消毒柜并非是能消灭"千毒万毒"的"神柜"，使用前要根据物品的属性选择适合的消毒柜种类，必要时应该借助多种消毒手段，否则可能达不到预期的效果。

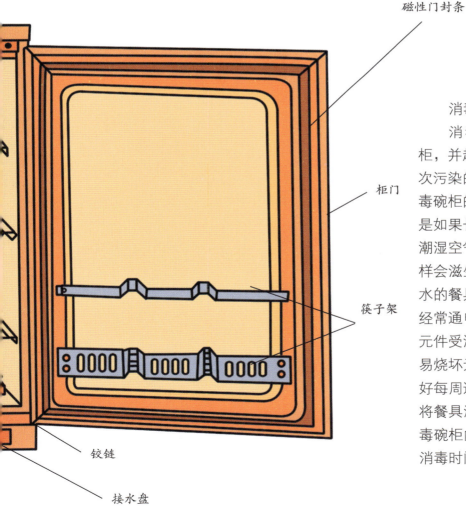

磁性门封条

柜门

筷子架

铰链

接水盘

消毒柜要常通电。

消毒柜可代替普通碗柜，并起到避免洁净碗筷二次污染的保洁作用。虽说消毒碗柜的密封性比较好，但是如果长期不使用，柜内的潮湿空气难以排出，霉菌照样会滋生。因此，不要把带水的餐具放入消毒柜内又不经常通电，这样会导致电器元件受潮氧化，再使用时容易烧坏元器件。消毒碗柜最好每周通电一两次，平时应将餐具洗净沥干后再放入消毒碗柜内消毒，这样能缩短消毒时间和降低电能消耗。

23. 吸尘器的吸力从哪里来

在许多人的观念里，吸尘器是用来清洁地毯的，对瓷砖、木地板等的清洁都不实用，如果你这样想，就错了。吸尘器，不仅适用地毯的房间，也适用于瓷砖的房间和木地板的房间。与此同时，房间的墙面上的灰尘，甚至是蛛网，都可以用吸尘器来解决。有了它，你再也不用弯着腰拿把扫帚一点一点地扫地了，你只需打开电源开关拿着手柄就可以了，而且它的吸灰能力很强，是现代清洁必不可少的一样小家电。

◎ 集尘袋式吸尘器

1 发动机带动涡轮机工作。

2 涡轮机不停旋转，机上风扇的叶片也会随之高速旋转，从而产生气流。

3 吸头会抽吸灰尘和碎屑。

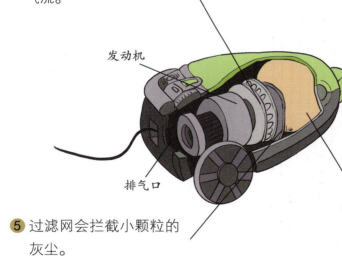

发动机

排气口

5 过滤网会拦截小颗粒的灰尘。

4 有小孔的集尘袋会留下大颗粒的灰尘，空气被排出。

一般吸尘器的功率为400~1000瓦或更高，吸尘器的强大吸力，在于它的"头部"装有一个电动抽风机。通电后，抽风机会以每秒500圈的转速产生极强的吸力和压力。

6 空气在被排出的过程中起到了冷却发动机的作用。

第一，吸尘器的风机叶轮在电动机高速驱动下，将叶轮中的空气高速排出风机。

第二，瞬时真空，空气负压使得吸嘴附近的尘埃、脏物跟随空气一起被吸进来，并经过漏器过漏，将尘埃、脏物收集在集尘袋内。

第三，空气经过滤片净化后，进入电机，再由机体尾部排出。

以上这个过程循环往复，就是吸尘器的基本工作原理了。

机器人吸尘器

机器人吸尘器是全自动化的吸尘器。它可以预先设定清扫的精确时间和频率，到了时间它会自动开始清扫，包括清扫地板上的灰尘，自动清理毛发和碎物。清扫任务完成后，还会自动返回充电器充电。机器人吸尘器的体积较小，能够轻松进入传统吸尘器不能到达的地方。

◎气旋式吸尘器

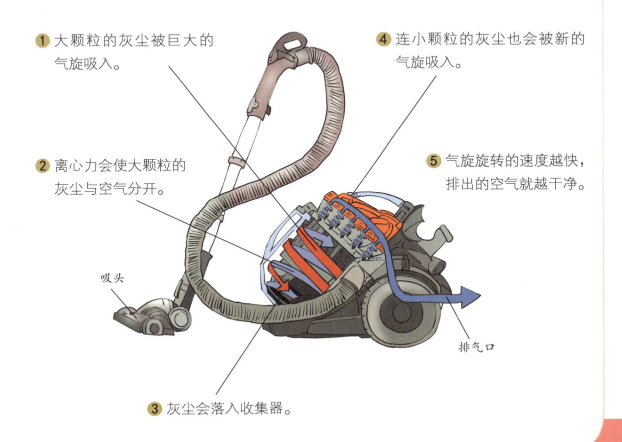

① 大颗粒的灰尘被巨大的气旋吸入。

② 离心力会使大颗粒的灰尘与空气分开。

吸头

④ 连小颗粒的灰尘也会被新的气旋吸入。

⑤ 气旋旋转的速度越快，排出的空气就越干净。

排气口

③ 灰尘会落入收集器。

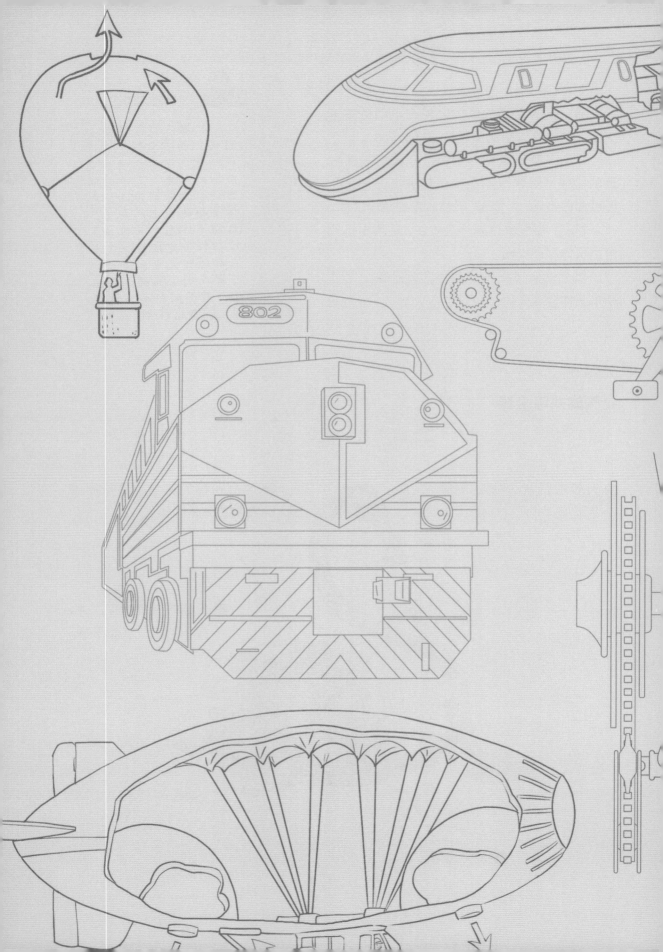

四通八达的交通工具

24. 热气球是怎么升上天空的

热气球顾名思义就是用热空气作为浮升气体的气球。热气球的原型最早由三国时期诸葛亮发明。当年，诸葛亮被困平阳，无法派兵出城求救。有一天，他算准了风向，然后把一个会飘浮的纸灯笼放飞，灯笼上系着求救的讯息，后来果然脱险。于是后世就称这种灯笼为"孔明灯"。今天，热气球作为一个体育项目正日趋普及，它曾创造上升 34 668 米高的纪录。

◎ 热气球是怎么在天空航行的

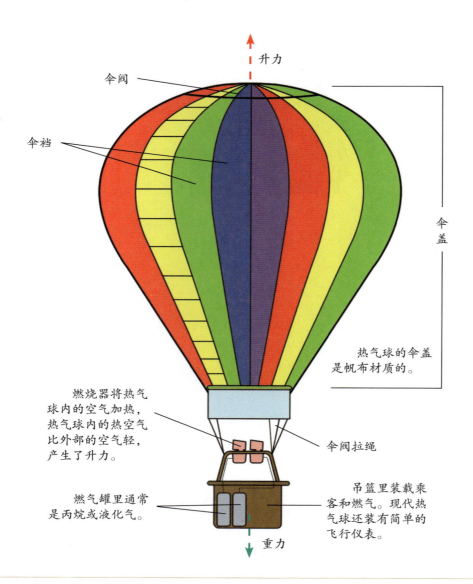

升力

伞阀

伞裆

伞盖

热气球的伞盖是帆布材质的。

燃烧器将热气球内的空气加热，热气球内的热空气比外部的空气轻，产生了升力。

伞阀拉绳

燃气罐里通常是丙烷或液化气。

吊篮里装载乘客和燃气。现代热气球还装有简单的飞行仪表。

重力

1 当热气球需要上升时，将排气阀关闭，热空气产生的升力大于重力，于是气球上升。

空气加热后密度减小，温度达到 100℃，密度约为 0.95kg/m³，是未加热空气的 1/1.3，热气球因此获得升力。

热气球在空中怎么前进

热气球的唯一飞行动力是风。对于环球飞行的热气球来说，必须选择速度和方向都合适的高空气流，并随之运动，才能高效地完成飞行。就像做环球旅行时需要不停地换飞机一样，热气球需要搭乘不同的气流，"换气流"时飞行员所要做的就是调整高度，热气球的高度通常要达到十几千米。

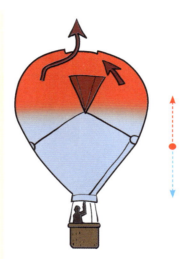

2 当热气球需要保持高度时，升力与重力相等，热气球既不上升也不下降。

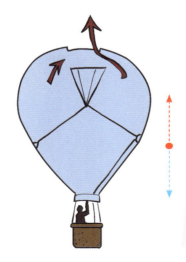

热气球的飞行原理

热气球的飞行原理和飞机的飞行原理完全不一样。热气球内部的空气比外部空气要轻，它能够浮起来是因为受到了一种自下而上的空气浮力的作用，浮力的大小等于气球所排开的空气质量。

3 当热气球需要下降时，将排气阀打开，空气变冷，升力小于重力，于是气球下降。

25.飞艇是带动力的热气球吗

坐过飞机，见过热气球，但是，你有没有见过拥有很大气囊的飞艇呢？飞艇是一种轻航空器（轻于空气的航空器），在飞艇那巨大的气囊里面，充满了轻于空气的气体，如氦气。其飞行升力来自作用在机身上的空气浮力，具有操纵和推进系统。有人说，飞艇和热气球相似，实则不然。下面，就让我们一同感受下飞艇究竟和热气球有哪些不同吧。

方向舵用来控制飞艇，改变航行方向。

现代飞艇以软式飞艇最为常见。

安定面帮助飞艇保持航行方向。

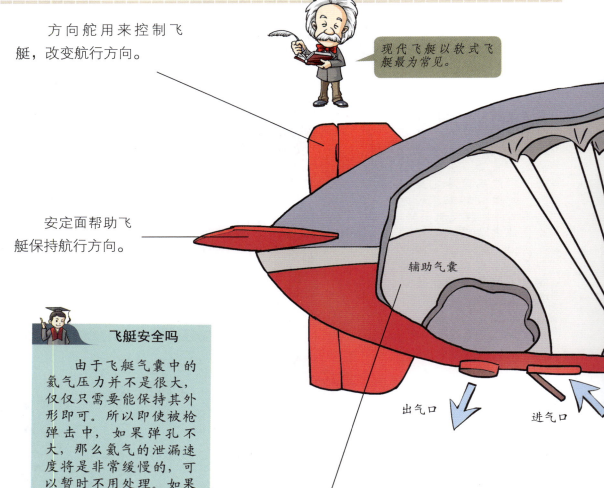

辅助气囊

出气口

进气口

飞艇安全吗

由于飞艇气囊中的氦气压力并不是很大，仅仅只需要能保持其外形即可。所以即使被枪弹击中，如果弹孔不大，那么氦气的泄漏速度将是非常缓慢的，可以暂时不用处理。如果枪洞很大，也仍有足够的时间返回基地。而且氦气是一种稀有气体，不可燃。飞艇还可以在恶劣天气下飞行，只要风速不要超过30节（1节=0.5144m/s）即可。

辅助气囊是飞艇内部的小气囊，通过充气和放气来控制和保持飞艇形状与浮力。

◎ 飞艇怎样上升和下降

飞艇的上升和下降是依靠辅助气囊中气量的多少来实现的。

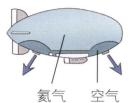

辅助气囊中的空气排空时，重力减小，飞艇上升。

氦气　空气

辅助气囊中充满空气时，重力增大，飞艇下降。

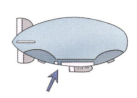

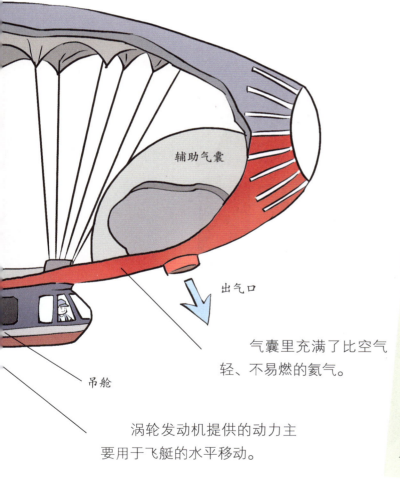

辅助气囊

出气口

气囊里充满了比空气轻、不易燃的氦气。

吊舱

涡轮发动机提供的动力主要用于飞艇的水平移动。

飞艇是带动力的热气球吗

答案是：不是。飞艇的外形与热气球有些接近，但它的结构和热气球是有区别的。飞艇升空的原因在于飞艇的气囊内充满了比空气轻的氦气或氢气，它的气囊是封闭的。而热气球的气囊内是热空气。飞艇还具有推进和控制飞行状态的装置。

26. 打开汽车引擎盖之后，你能看懂什么

汽车是最为普遍的现代交通工具之一，我们随处可见。其实它的英文原译为"自动车"，在日本也称"自动车"，其他文种也多是"自动车"，只有中国例外。那么汽车的发展历史是什么样的呢？汽车在以前的作用是什么呢？我们一起看看吧。

汽车原指以可燃气体做动力的运输车辆，也指由自身装备动力驱动的车辆。一般具有四个或四个以上车轮，是不依靠轨道或架线而在陆地行驶的车辆。

汽车通常被用作载运客、货和牵引客、货挂车，也有为完成特定运输任务或作业任务而将其改装或经装配了专用设备成为专用车辆，但不包括专供农业使用的机械。

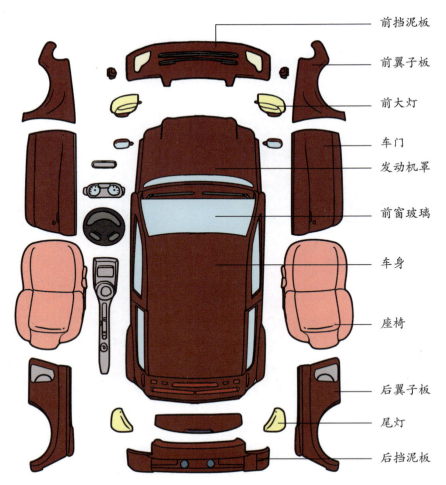

前挡泥板
前翼子板
前大灯
车门
发动机罩
前窗玻璃
车身
座椅
后翼子板
尾灯
后挡泥板

汽车外部结构简介

中国的第一辆汽车

我国的汽车制造始于1929年5月。由张学良将军掌管的辽宁迫击炮厂担当起了生产中国第一辆汽车的光荣使命。张学良让民生工厂厂长李宜春从美国购进"瑞雪"号整车一辆，作为样车。

李宜春将整车拆卸，然后除发动机后轴、电气装置和轮胎等用原车零件外，对其他零件重新设计制造，到1931年5月历时两年，终于试制成功我国第一辆汽车，命名为民生牌75型汽车，开辟了中国自制汽车的先河，这是值得钦佩的。

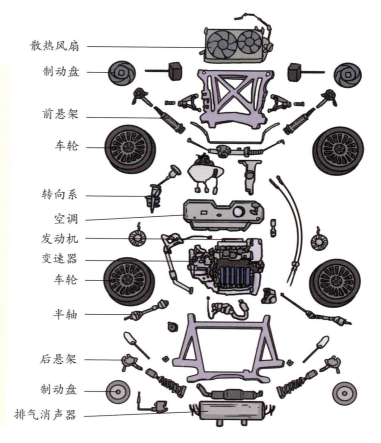

散热风扇
制动盘
前悬架
车轮
转向系
空调
发动机
变速器
车轮
半轴
后悬架
制动盘
排气消声器

汽车内部零件介绍

发动机是汽车的动力装置，其作用是使供入其中的燃料经过燃烧而变成热能，并转化为动能，通过底盘的传动系统驱动汽车行驶。

变速器：由变速器壳、变速器盖、第一轴、第二轴、中间轴、倒挡轴、齿轮、轴承、操纵机构等机件构成，用于汽车变速、变输出扭矩。

制动盘是盘式制动器的摩擦偶件，除应具有作为构件所需要的强度和刚度外，还应有尽可能高而稳定的摩擦系数，以及适当的耐磨性、耐热性、散热性和热容量等。

27.火车为什么能将人们带向远方

火车是人类最为重要的交通工具，它奔跑于每个国家和城市，把不同的国家和城市相互连接起来，让人们的生活更加的便利。火车的发明缩短了人与人、城市与城市的距离，实现了人们日行千里的构想，为人类带来巨大的便捷和改变。火车的发明同样是人类最伟大的发明之一。

火车是指在铁路轨道上行驶的车辆，通常由多节车厢所组成。早期被称为蒸汽机车，有独立的轨道行驶。

蒸汽机车以煤作为原料，烧水以产生蒸汽，用蒸汽推动气缸里的活塞往复运动，活塞再通过连杆带动曲柄（曲轴）转动，带动车轮在铁轨上转动，火车就可以前进了。

火车的牵引动力

最初的列车是由绳索或马匹拉动的。到了19世纪，多数的列车都改由蒸汽机车牵引。20世纪40年代以后蒸汽机车渐由较清洁及需要较少劳力的柴油机车取代，后来又出现电力机车和动车组。

电力机车，是指从外界获取电力作为能源驱动的铁路机车，电源包括架空电缆、第三轨、电池等。电力机车起动加速快，爬坡能力强，工作不受严寒的影响，运行时没有煤烟，所以在运输繁忙的铁路干线和隧道多、坡度陡的山区线路上更能发挥优越性。

内燃机车，以柴油为动力，一般用 0 号或 30 号柴油。机车里面有个大型的柴油机，柴油机的轴端有个发电机，柴油机工作后带动发电机工作，产生电流，电流分配给牵引电动机，牵引电动机通过齿轮的啮合带动车轮转动。

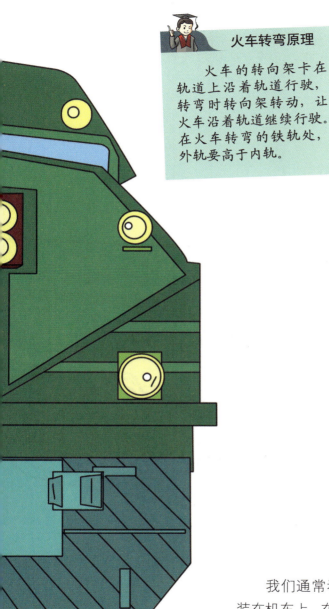

火车转弯原理

火车的转向架卡在轨道上沿着轨道行驶，转弯时转向架转动，让火车沿着轨道继续行驶。在火车转弯的铁轨处，外轨要高于内轨。

中国第一台机车的故事

唐胥铁路是中国第一条自办铁路，由李鸿章修建。在铁路修好以后通车不久，清政府就以"机车直驶，震动东陵，且喷出黑烟，有伤禾稼"的理由，下令禁止使用机车，因而被迫将火车头卸下，改为驴马拖着火车走。这也就是家喻户晓的"驴马拉火车"的故事。

李鸿章并没有罢休，而是费尽心思去说服一些官员。在 1882 年 6 月的时候，唐廷枢等邀请了一批官员试乘"龙号"机车。机车载着这些官员仅用 1 小时就走了 20 英里的路程，官员们感觉火车舒适、安全、可靠。终于在 1882 年，火车恢复使用机车牵引，正式行驶在中国的铁路上。

我们通常看到的电力机车，其动力装置都集中安装在机车上，在机车后面挂着许多没有动力装置的客车车厢。如果把动力装置分散安装在每节车厢上，使其既具有牵引动力，又可以载客，这样的客车车辆便叫作动车。而将几节自带动力的车辆加几节不带动力的车辆编成一组，就是动车组。

28. 磁悬浮列车为什么不接触地面就能行驶

有了火车后，人类觉得它速度不够快，而且浪费资源、污染空气，于是聪明的人类发明了磁悬浮列车。真空管道磁悬浮技术的意义，类似于当初蒸汽机取代马力，将带来划时代的变革。

磁悬浮列车利用电磁体"同性相斥"的原理，让磁铁具有抗拒地心引力的能力，使车体完全脱离轨道，悬浮在距离轨道约1厘米处，腾空行驶，创造了近乎"零高度"空间飞行的奇迹。

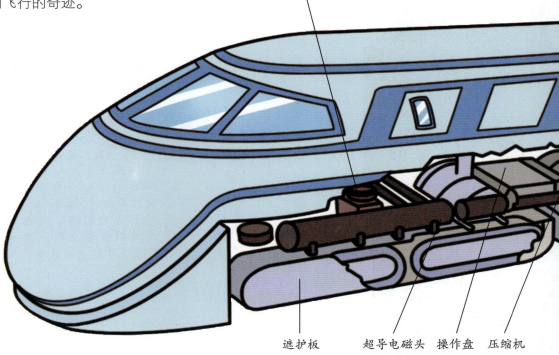

空气弹簧

遮护板　超导电磁头　操作盘　压缩机

上海磁悬浮列车是我国第一辆磁悬浮列车，设计时速430公里／小时，实际时速约380公里／小时，转弯处半径达8000米，为我国发展磁悬浮列车积累了经验。

磁悬浮列车是一种靠磁悬浮力来推动的列车。由于它轨道的磁力使之悬浮在空中，行走时不需接触地面，因此只受来自空气的阻力。磁悬浮列车的最高速度可达每小时 500 公里以上，比轮轨高速列车的 300 多公里还要快。

乘坐磁悬浮列车的体验

磁悬浮列车的车窗是减速玻璃，乘客可以更好地观赏窗外的风景。减速玻璃在与车体接触的边缘处有弧度变形，正因为这个弧度可以使车外景物在透过弧度时发生变形，从而影响车内乘客的视觉，产生减速的效果。并且在挡风玻璃边缘都有渐淡的点状黑色装饰边，同样也起到一定效果。

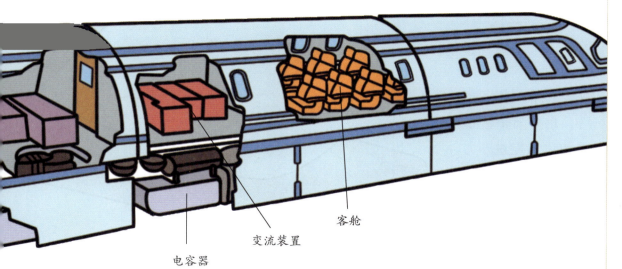

客舱

变流装置

电容器

我们知道，电动机的"定子"通电时，通过电流对磁场的作用就可以推动"转子"转动。而磁悬浮列车的动能来源和电动机产生动能的工作原理完全相同。只要把电动机的"转子"布置在列车上，将电动机的"定子"铺设在轨道上，通过"转子""定子"间的相互作用，就会将电能转化为前进的动能。所以，当向轨道这个"定子"输电时，通过电流对磁场的作用，列车就像电动机的"转子"一样被推动着做直线运动。

导向系统

导向系统是由一种侧向力来保证悬浮的机车能够沿着导轨的方向运动。必要的推力与悬浮力相类似，也可以分为引力和斥力。在机车底板上的同一块电磁铁可以同时为导向系统和悬浮系统提供动力，也可以采用独立的导向系统电磁铁。

29.飞机的构造原理是怎样的

飞翔一直是人类的梦想，后来人们发明了飞机。自从飞机发明以后，它日益成为现代文明不可缺少的运载工具。它深刻地改变和影响着人们的生活。由于发明了飞机，人类环球旅行的时间大大缩短了。飞机的发明是人类历史上的创举，实现了人类飞行的梦想，也使我们近距离地接近蓝天和白云。那么人类是怎样完成飞翔梦想的呢？

飞机指具有机翼和一具或多具发动机，靠自身动力在大气中飞行的重于空气的航空器。严格来说，飞机指具有固定机翼的航空器。

大多数飞机由五个主要部分组成：机翼、机身、尾翼、起落装置和动力装置。

机翼的主要功用是为飞机提供升力，以支持飞机在空中飞行，也起一定的稳定和操纵作用。

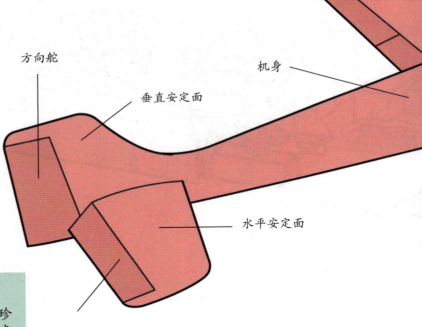

方向舵

垂直安定面

机身

水平安定面

升降舵

波音747

波音747又称为"珍宝客机"，是美国波音公司研制、生产的四发动机远程宽机身民用运输机，是全球首架宽体喷气式客机。波音747是一种研制与销售都很成功的民航客机，还是世界上最易识别的客机之一，最新的型号是747-8梦想飞机。

自波音747飞机投入运营以来，一直是全球最大的民航机，一直垄断着大型运输机的市场，这种情况一直持续到竞争对手空中客车A380大型客机的出现。

机身的主要功用是装载乘员、旅客、武器、货物和各种设备；还可将飞机的其他部件如尾翼、机翼及发动机等连接成一个整体。

小型飞机一般只装配有一台发动机，一些飞机发烧友也在自己制造这类飞机。

小型机

在欧美国家，2~6座的小型飞机是一个非常活跃的市场，它们的制造商主要为小型的独立公司，通常仅生产几种机型及衍生机型。这类飞机主要为私人所有，价格较为低廉，广泛应用于私人飞行、飞行培训、观光游览、航空运动等方面。

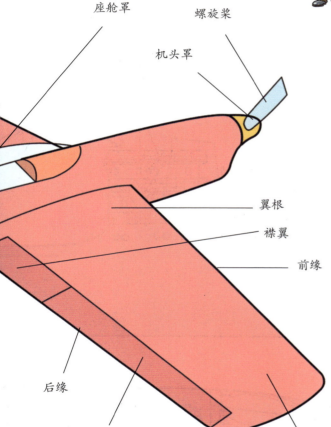

座舱罩
螺旋桨
机头罩
翼根
襟翼
前缘
后缘
副翼
翼端

动力装置主要用来产生拉力或推力，使飞机前进。其次还可以为飞机上的用电设备提供电力，为空调设备等用气设备提供气源。

黑匣子

一架飞机失事后，有关部门都要千方百计地去寻找飞机上落下来的"黑匣子"。因为黑匣子是判断飞行事故原因最重要及最直接的证据。虽然叫黑匣子，其实它的颜色却不是黑的，而是醒目的橙色，黑匣子只是约定俗成的一个名称。它的正式名字是飞行信息记录系统。在电子技术中，把只注重其输入和输出的信号而不关注其内部情况的仪器统称为黑匣子。

起落装置又称起落架，是用来支撑飞机并使它能在地面与其他水平面起落和停放。陆上飞机的起落装置，一般由减震支柱和机轮组成，此外还有专供水上飞机起降的带有浮筒装置的起落架和雪地起飞用的滑橇式起落架。它用于在起飞与着陆滑跑、地面滑行和停放时支撑飞机。

30. 轮船是如何航行的

看过《泰坦尼克号》的人对轮船都有一个属于自己的看法和认识，一般豪华巨轮就那样活生生地沉到海底，带给人们一场惊心动魄的海难大体验。但不可否认的是，轮船的出现，促进了人类生活的改变，达成人类以往连做梦也没想到的海洋畅游。那么轮船是怎么工作的呢？

轮船一般有狭义和广义两种分法，轮船的推进有两种方式，一种是原始的以人力踩踏木轮推进，一种是以螺旋桨推进。狭义的轮船是指用汽轮机推进的船只。

轮船由船体、推进装置、船舶舾装和其他装备组成。

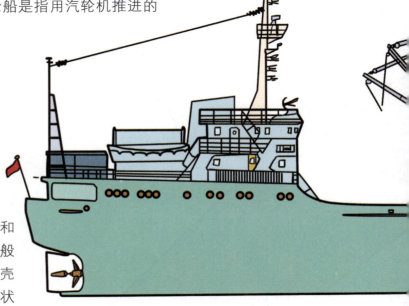

船体又可分为主体部分和上层建筑部分。主体部分一般指上甲板以下的部分，由船壳和上甲板围成的具有特定形状的空心体，是保证船舶具有所需浮力、航海性能和船体强度的关键部分。上层建筑位于上甲板上方，主要用于布置各种用途的舱室。

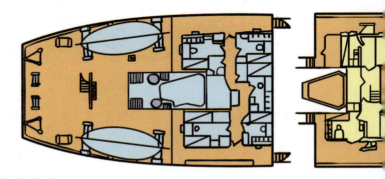

推进装置是提供推进动力的成套动力设备，由主机、主锅炉、传动装置、轴系、推进器、各种仪表和辅助设备等组成。

船舶舾装包括舱室内装结构、家具和生活设施、门窗、梯、栏杆、桅杆、舱口盖等。而其他装备就是锚与系泊设备、舵与操舵设备、救生与消防设备、通信与导航设备、照明与信号设备、通风与空调和冷藏设备、压载水系统、舱底水疏干系统、船舶电气设备等。

载重线

满载货物的大轮船在大海中航行，就要考虑到海水的不同比重。

夏天，海水温度升高，体积膨胀，比重就减少；冬天相反。不同的海洋在不同季节的风浪也不相同。在各个海洋里，海水含盐的多少也不一样，含盐量的多少决定比重的大小。

为了保证安全，各种轮船上都有船舶载重的标志，俗话叫作"吃水线"，就是人们常说的载重线。

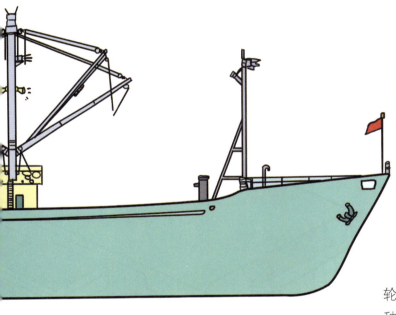

今天，现代化的轮船包括客轮、货轮和油轮，正在从事着各种关系到人类命运的全球性商业航运。

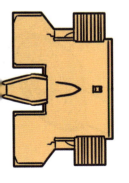

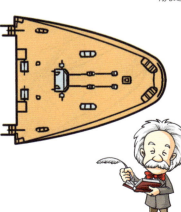

在各个海洋里，海水含盐的多少也不一样，印度洋的海水含盐少，比重也小，而北大西洋海水含盐多，因此比重也大。所以，在渡过不同海洋时，轮船的载重线也要随之变化。

31. 公交车是怎么运行的

公交车是我们再熟悉不过的出行工具，大街小巷随处都可以见到，给我们的出行带来了很多便利。可以说，我们的日常生活是离不开公交车的。

现在大中城市，城市交通拥挤已成大患，空气、噪声污染日趋严重，城市公共交通是缓解交通压力的有效办法。

空调: 和房间里的空调一样，公交车的空调可以使车内保持最适宜的温度。

自动门: 驾驶员利用电动装置，按下按钮，使乘客门打开。

公交专用车道

公共汽车专用道属于专用路权的一种，在普通道路中区隔出专用线道，仅供公共汽车行驶，并且在专用道上每间隔一段适当距离或是干道交叉口，设置乘客候车月台供乘客上下车。公共汽车专用道可以有时间限制，某些专用道在指定高峰时间以外，可以允许其他车辆使用。

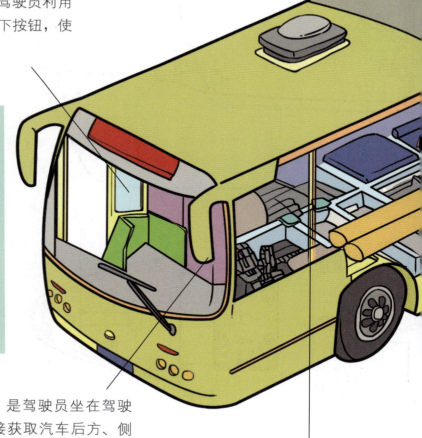

后视镜: 是驾驶员坐在驾驶座上直接获取汽车后方、侧方和下方等外部信息的工具。

扶手杆

安全出口：公交车必须有足够多的安全出口，以保证一旦发生紧急情况，能够让所有的乘客在短时间内逃生。

通风板：公交车顶部的通风板能够打开，以使新鲜的空气进入车内。

全景视野玻璃窗

后分速器

燃料箱

柴油发动机：公交车的柴油发动机通常位于车后部的地板下面。

你知道"铰接巴士"吗

为了增加载客量，出现了一种两节车身的公交车，在两节车身之间加设可伸缩的接合位置（类似火车车卡之间的接驳部分）以辅助转向。这种类型的公交车称为"铰接巴士"，或称"挂接巴士"，于北美各地颇为盛行。中国大陆称"铰接车""通道车"或"巨龙"，在中国北京等地很常见。

全球最长的巴士

世界上最长的公交车出现在巴西的库里蒂巴，它的名字叫"在巴西行走"，就是一辆三节"铰接巴士"。它长达28米，一次可搭载250名乘客。这个由24辆车组成的蓝色车队高速运行在10公里的线路上，全程只有4站，平均每天运送2.5万名乘客。为了配合这些超长的巴士，库里蒂巴还建造了全球独一无二的圆筒车站。2012年9月，新的纪录在德国诞生，这辆巴士车长近101英尺（30.7848米）。

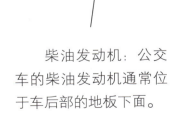

32. 地铁有什么优点和用途

每一座城市的地铁都可以折射出这个城市的文化，因为地铁可以穿梭在城市任何角落。它不但是文化的象征，也是时代的象征；它承载着人们的过去，也将见证人们的未来；它架起了城市的地下经脉，也带动了庞大的地下商城。这就是地铁。那么地铁是怎么来的呢？

地下铁道，简称地铁，也可以简称为地下铁，狭义上专指在地下运行的城市铁路系统或捷运系统；但广义上，由于许多此类的系统为了配合修筑的环境，可能也会有地面化的路段存在，因此通常涵盖了城市地区各种地下与地面上的高密度交通运输系统。

地铁路权专有

地铁是指涵盖了城市地区各种地下与地上的路权专有、高密度、高运量的城市轨道交通系统，台湾则称为"捷运"。除了上述的地下铁以外，也包括高架铁路或路面上铺设的铁路。因此，地铁是路权专有的，无平交。

在地底下挖隧道并不是一件容易的事，而且需要大量的金钱和时间，要好几年才能完成。

地铁的主要用途

绝大多数的城市轨道交通系统都是用来运载市内通勤的乘客，而在很多场合下城市轨道交通系统都会被当成城市交通的骨干。通常，修建城市轨道交通系统是许多城市用以解决交通堵塞问题的方法。

地铁与城市中其他交通工具相比，除了能避免城市地面拥挤和充分利用空间外，还有很多优点。

（1）运量大。地铁的运输能力要比地面公共汽车大 7~10 倍，是任何城市交通工具所不能比拟的。

（2）准时。正点率一般比公交高。

（3）速度快。地铁列车在地下隧道内风驰电掣地行进，行驶的时速普遍为 80 公里，可超过 100 公里，甚至有的达到了 120 公里。

人口的迅速增加，给城市带来的压力越来越大，特别是交通压力，为了缓解交通拥堵，人们就发明了地下的交通工具——地下铁。

33. 你知道自行车的构造吗

自行车，又称脚踏车或单车，是两轮的小型陆上车辆。人骑上车后，以脚踩踏板为动力，是绿色环保的交通工具。自行车不但可以代替走路，还很环保，不会给环境造成污染，符合现代低碳环保的理念，同时还能锻炼身体，是一举多得理想的代步工具。

在自行车的车架、轮胎、脚踏、刹车、链条等 25 个部件中，每个基本部件缺一不可。其中，车架是自行车的骨架，它所承受的人和货物的重量最大。按照各部件的工作特点，大致可将其分为导向系统、驱动系统和制动系统。

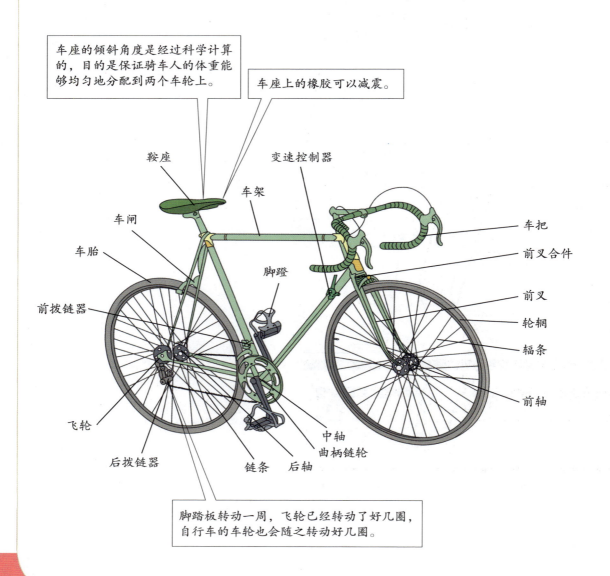

车座的倾斜角度是经过科学计算的，目的是保证骑车人的体重能够均匀地分配到两个车轮上。

车座上的橡胶可以减震。

鞍座
变速控制器
车架
车闸
车把
车胎
前叉合件
脚蹬
前叉
前拨链器
轮辋
辐条
前轴
飞轮
中轴
曲柄链轮
后拨链器
链条　后轴

脚踏板转动一周，飞轮已经转动了好几圈，自行车的车轮也会随之转动好几圈。

变速器可以通过选择不同的飞轮来改变自行车的速度。

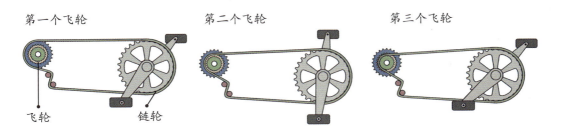

第一个飞轮　　　　　　第二个飞轮　　　　　　第三个飞轮

飞轮　　　　链轮

◎原理讲解：运动平衡

所有旋转着的物体都有保持其旋转方向的惯性，这种陀螺效应可以使自行车保持平衡，就好像旋转着的陀螺一样！

自行车行进起来后，会在陀螺效应和人体自身的平衡性的作用下保持平衡。

自行车在转弯的时候会受到离心力的影响，它的运动方向会背离转弯的方向，这时骑车人的身体就会自动倾斜，用自己的体重去平衡这种力。

❷ 变速器会改变位置，将车链移动到被选择的那一挡（即被选择的那个飞轮）上。

❶ 变速线会把变速指令传递给变速器。

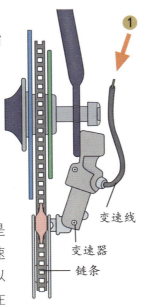

变速线
变速器
链条

❸ 因为链条的长度是一定的，所以变速器会拉紧链条，以便它能继续连接在齿轮上。

34. 全球定位系统与卫星导航系统是怎么帮人们找到路的

全球定位系统的英文名称是global positioning system，简称GPS。它是利用定位卫星，在全球范围内实时进行定位、导航的系统。GPS可以提供车辆定位、防盗、反劫、行驶路线监控及呼叫指挥等功能。要实现以上所有功能，需要具备GPS终端、传输网络和监控平台三个要素。

每颗卫星都会发射自己的识别码及位置。

各个卫星到GPS装置的距离不同，因此发射的信号到达GPS装置的时间也各不相同。

GPS 怎么知道我们的位置的

GPS实际上相当于一台具有计算功能的机器，当行驶中的汽车开启了GPS后，它会持续计算汽车和卫星之间的距离，通过数据分析，就可推算出汽车的位置了。

然后，卫星导航系统根据汽车的位置，结合预先储存在系统里的交通地图，为我们指引出最佳的行车路线。

GPS装置调节卫星信号。

　　每个卫星导航定位系统都需要 30 多颗卫星共同工作，才能给全球各地的汽车准确定位。这样可以保证每个地点任何时间均可见 4 颗卫星。

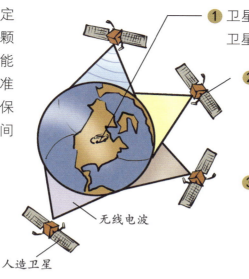

无线电波

人造卫星

①　卫星导航仪在工作，它能接收卫星发出的无线电波。

②　每颗卫星每秒发射数千次信号，以确定它和地球的确切位置，以及发送信号的具体时间。

③　导航仪可以计算出无线电波从发射到接收的时间，然后根据这个时间计算出汽车与卫星之间的距离。

④　根据第一颗卫星与汽车之间的距离可以计算出汽车在地球上的大致区域，再加上另外 3 颗卫星确定的区域，就可以计算出汽车比较确切的位置了。

⑤　几秒钟之后，汽车就被定位了。

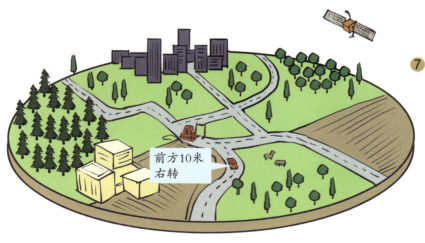

前方10米右转

⑦　通过软件，导航仪就可以根据交通路况信息显示最佳的行车路线，还可以使用合成声音发出语音指令。

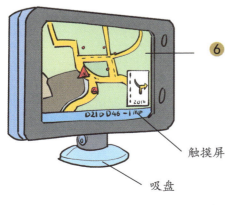

触摸屏

吸盘

⑥　导航仪把汽车的位置显示在预先储存的地图上。

⑧　如此循环往复，全球定位系统就可以对汽车进行导航和追踪了。

35. 滑翔机是怎么飞起来的

千百年以前，人类就对天空充满了想象和憧憬，渴望像鸟儿一样能在空中展翅飞翔。15世纪，意大利伟大的艺术家、发明家达·芬奇就曾设计过一种扑翼机，设想着人只要趴在上面，然后用手脚带动一对翅膀就飞起来。而古代的中国人、希腊人、巴比伦人和印度人也做过类似的尝试。但因为人类没有类似鸟的肌肉和骨骼，所以他们的理想无法实现。直到1809年，英国的乔治·凯利爵士在研究了风筝和鸟的飞行原理后，试制了一架滑翔机。它是一种没有动力装置，完全凭借气流飞行的固定翼航空器。滑翔机的出现，让人类探索、畅游天空成为可能。

动力滑翔机

这种滑翔机带有动力装置，能够自己起飞，在飞行中动力装置关闭后，仍能继续滑翔和翱翔，需要时还可以再次起动动力装置。动力滑翔机具有结构简单、速度小、安全、经济、易学的特点，适用于普及活动。一些国家将动力滑翔机列为正式机种。

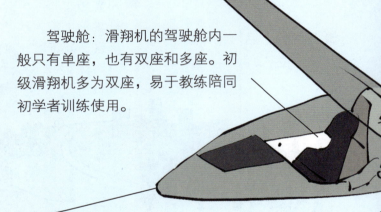

驾驶舱：滑翔机的驾驶舱内一般只有单座，也有双座和多座。初级滑翔机多为双座，易于教练陪同初学者训练使用。

牵引点

结构：机身一般使用坚固又轻巧的材料造成，如碳纤维复合材料、合金等。

没有动力的滑翔机是怎么飞翔的

在无风的情况下，滑翔机在下滑飞行中依靠自身重力的分量获得前进动力，这种损失高度的无动力下滑飞行称滑翔。在上升气流中，滑翔机可像老鹰展翅那样平飞或升高，通常称为翱翔。滑翔和翱翔是滑翔机的基本飞行方式。

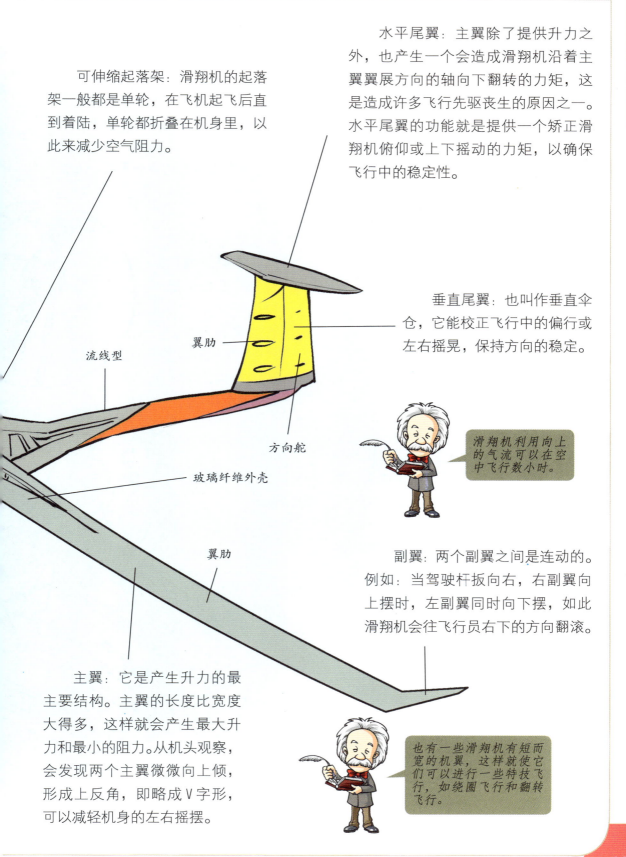

可伸缩起落架：滑翔机的起落架一般都是单轮，在飞机起飞后直到着陆，单轮都折叠在机身里，以此来减少空气阻力。

水平尾翼：主翼除了提供升力之外，也产生一个会造成滑翔机沿着主翼翼展方向的轴向下翻转的力矩，这是造成许多飞行先驱丧生的原因之一。水平尾翼的功能就是提供一个矫正滑翔机俯仰或上下摇动的力矩，以确保飞行中的稳定性。

翼肋

流线型

垂直尾翼：也叫作垂直伞仓，它能校正飞行中的偏行或左右摇晃，保持方向的稳定。

方向舵

玻璃纤维外壳

滑翔机利用向上的气流可以在空中飞行数小时。

翼肋

副翼：两个副翼之间是连动的。例如：当驾驶杆扳向右，右副翼向上摆时，左副翼同时向下摆，如此滑翔机会往飞行员右下的方向翻滚。

主翼：它是产生升力的最主要结构。主翼的长度比宽度大得多，这样就会产生最大升力和最小的阻力。从机头观察，会发现两个主翼微微向上倾，形成上反角，即略成 V 字形，可以减轻机身的左右摇摆。

也有一些滑翔机有短而宽的机翼，这样就使它们可以进行一些特技飞行，如绕圈飞行和翻转飞行。

36. 帆船可以逆风行驶吗

帆船是利用风力前进的船，同时，它也是将风、水、人、船四者完美结合的载体。帆船最早起源于古代欧洲，当时，帆船还只是居住在海河区域的古代人必不可少的水上交通运输工具。后来，帆船逐渐演变成了集竞技、娱乐、观赏和探险于一体的水上运动，成了人类征服自然的一个见证之一。凭借自己的意志力和勇敢，在茫茫大海扬帆起航，是一件很酷的事。

帆船的帆具有像机翼一样的弧形。帆的横截面和机翼的横截面很相似，当气流通过机翼时，由于机翼上面的气流要走更长的距离来和机翼下面的气流会合，因而就加快了流速，使机翼的上下两面的气流产生了不同的流速。

流速慢处的压强比流速快处的静压强大，这个压强差使机翼产生了向上的升力，也使帆获得了向前的动力。这就是"流速增加，压强降低"的伯努利原理。

1 帆船航行的方向是由船舵控制的。

3 滑轮组是调整船帆必不可少的一部分。根据帆船与风向之间的不同位置和角度，驾驶员会调整船帆以利用风力，同时避免翻船。

滑轮组

水的合力

船舵

风吹动船帆带动船只前进。同一时间，水会作用于船身在水中的部分。鼓满风的船帆就像一只机翼。

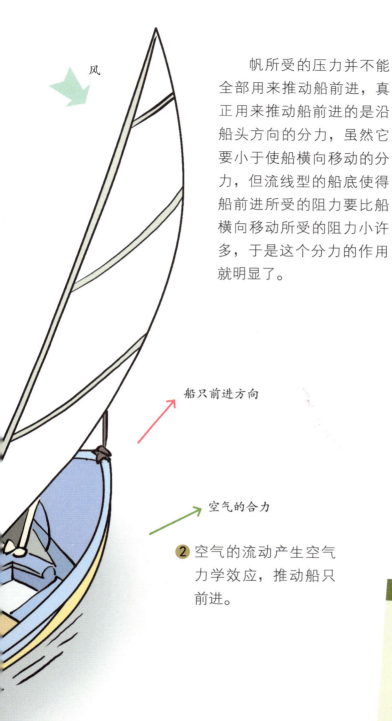

风

帆所受的压力并不能全部用来推动船前进，真正用来推动船前进的是沿船头方向的分力，虽然它要小于使船横向移动的分力，但流线型的船底使得船前进所受的阻力要比船横向移动所受的阻力小许多，于是这个分力的作用就明显了。

船只前进方向

空气的合力

❷ 空气的流动产生空气力学效应，推动船只前进。

❹ 龙骨可以增加船体的稳定性，协助驾驶员驾驶船只。流体力学效应的影响会减缓船只前进的速度或是改变其航行的方向。

滑轮组的作用

有了滑轮组，就可以减少驾驶员调整船帆所需的力量，节省体力。

重物悬挂在两个滑轮下，这意味着物体的重量被均匀地分配到了两个滑轮上。如果想将2千克的重物抬升起来，只需施加1千克的力量。此时，绳子的长度需要达到原来的2倍。

重物悬挂在4个滑轮下，于是重量被均匀地分配到了4个滑轮上。如果想将2千克的重物抬升起来，只需施加0.5千克的力量，就可以了。此时，绳子的长度是原来的4倍。滑轮的数量越多，力被分割得越多。

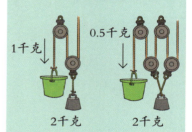

1千克

0.5千克

2千克

2千克

帆船可以逆风行驶吗

答案是：完全可以。帆船逆风前进，必须走"之"字形的路，才能利用逆风，又不偏离方向。到了一定的时刻，要改变航向，使风从另一个侧面吹来，这时驾驶员需要通过一系列的操作来转动船身。现在的帆板运动员照样要利用这个原理来比赛。

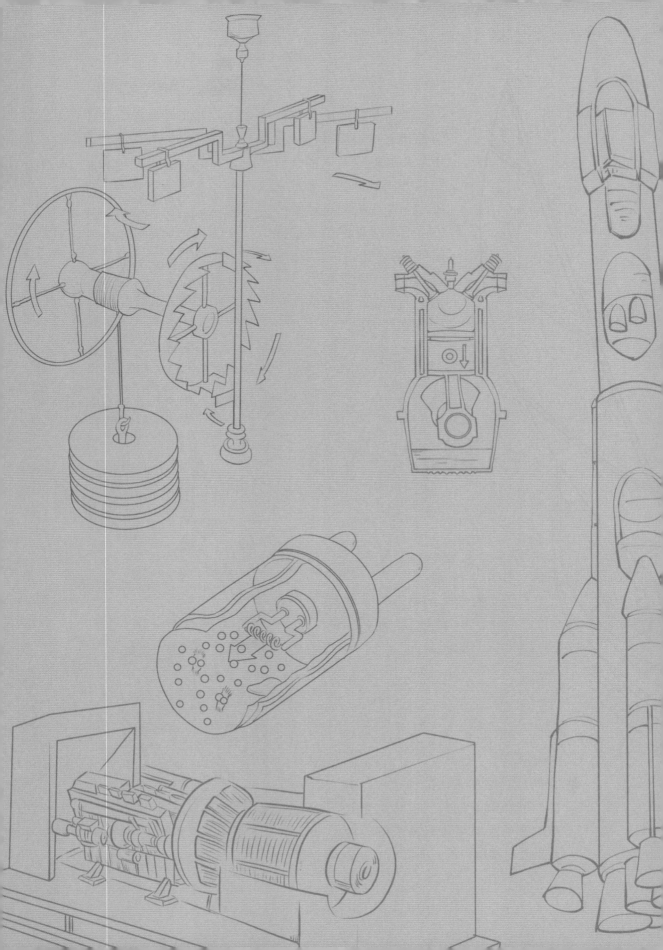

开辟时代的发明创造

37. 电话机是如何让人类实现随时随地沟通的

在大街上、茫茫的人群之中，几乎每个人都拿着手机。电话作为一种生活必需电器已经无可取代。它改变了人类的交流方式，也深深地影响了人们的生活。近些年来，它以多姿多态的面貌和功能受用于人类，彻底地颠覆了旧的通信时代。电话的发明为人们提供了极大的便利，其未来不可估量。

电话通信是通过声能与电能相互转换，并利用"电"这个媒介来传输语言的一种通信技术。

电话机主要由下面这些部分组成：电话电源线、电话线、收线开关、受话器、增音按钮、送话器、本机号码片、铃声及免提喇叭、记忆代码键、记忆号码片、数字按键、记忆取出键、记忆储存键、重拨键、工作指示灯、免提键、R 键、免提送话器、铃声调节开关、P/T 开关、免提接收音量调节旋钮。

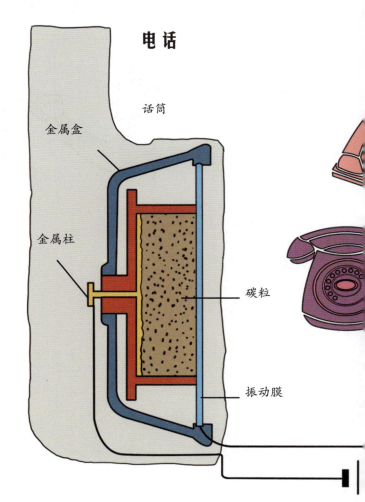

电话

话筒

金属盒

金属柱

碳粒

振动膜

电话机是通过电信号双向传输话音的终端设备。历史上对电话机的改进和发明包括：碳粉话筒、电话人工交换板、拨号盘、自动电话交换机、程控电话交换机、双音多频拨号、语音数字采样等。电话机的新技术包括：ISDN、DSL、模拟移动电话和数字移动电话机等。

早期电话机的原理为：说话声音为空气里的复合振动，可传输到固体上，通过电脉充于导电金属上，进行传递。

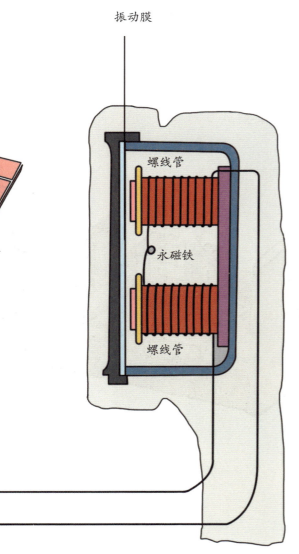

振动膜

螺线管

永磁铁

螺线管

未来的电话

电话机不仅有传达语言的功能，还拥有更多有用的功能。大部分的人常用有线电话，用无绳电话、车辆电话和手机的人越来越多。

随着电脑和通信线路的发展，将很快开发出符合综合信息通信网的最新电话机。其中最主要的是以下几种电话机：可以传达声音的Analogue信息，与电脑及传真类似的Digital电话机，随时都能发／收图片和动画像功能的画像电话机，不需拨号或按钮只用自己的声音就可以打出去的声音确认电话机，等等。

38. 激光器如何帮助人类观察原子世界

激光器广泛应用于各种产品和技术，如 CD 播放机、高速金属切割机和测量系统等。因为激光能让人类的感知进行到原子级别，是科学技术发明的重大突破。

① 最先进的激光器是半导体激光器，又叫二极管激光器。它并非固态的，设备也通常体积小、能耗低，常使用在激光打印机和 CD 播放机中。另外，常见的激光器有固体激光器、液体激光器、气体激光器。

② 尽管激光器有很多种形态，但是它们的结构都是大同小异的。在激光器中，产生原子的介质被泵入，使原子处于激发状态。一般来说，原子会被激发到高于原始状态 2~3 倍的高能量状态，这样增加原子反转时能释放能量的容量。

激光的能量

宇宙中的原子共有 92 种，我们所看到的全部物品都是由这 92 种原子构成的。这些原子永远处于不断高速运动的状态中。每一颗原子都有自己独特的轨道，当加热这些原子时，那些低能量轨道的原子就会迁移到高能量轨道上去。停止加热，高能量轨道上的原子就会返回到低能量轨道中。这个过程中，会有大量的能量以光子的形式释放出来。释放出来的光子就是我们看到的激光束，而伴随释放的能量就是激光的力量。

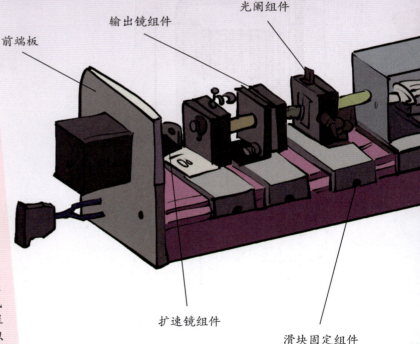

前端板

输出镜组件

光阑组件

扩速镜组件

滑块固定组件

❸ 这些被激发的原子经过抽运系统累积到一起，形成共同运动的状态。

神奇的激光器

激光器是一种令人惊讶的发明，它可以将不可思议的巨大能量集中到一个光点上。下一次当你欣赏最喜欢的音乐，或者观察他人手指上闪闪发光的钻戒，或者去看牙医时，就会对这个发明的作用有一个全新的理解和认知。

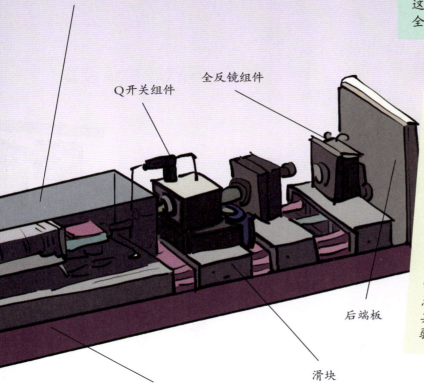

泵浦腔组件

Q开关组件

全反镜组件

后端板

滑块

底座（导轨）

激光器

激光的特点

和普通的光束相比，激光有着鲜明的特点：激光是单色光，只有一个特定的波长，该波长取决于原子从高能量轨道迁移到低能量轨道时释放能量的多少；激光是连续的，每一个光子和其他光子的运动都是同步的，处于"有组织"状态；激光的凝聚方向强，激光光束密集、强烈而集中，相比之下，其他光束则是分散而微弱的。

❹ 所有的原子在光子共振腔中进行反转，从同一个方向释放出大量的光子和能量，形成激光束。

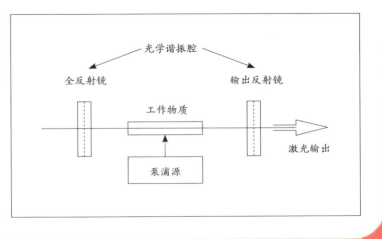

光学谐振腔

全反射镜　　　　　输出反射镜

工作物质

激光输出

泵浦源

39. 钟摆为什么不会停

摆钟是时钟的一种。1582—1583年，意大利物理学家和天文学家伽利略发现了摆的等时性。1657年，荷兰物理学家和天文学家C.惠更斯，利用摆的等时性原理发明了钟摆。后来，钟摆经过不断的改进，沿用至今。下面，就让我们一起来了解下，钟摆究竟是怎么工作的？

钟摆是一种擒纵机构，简单说就是又抓又放。

"擒纵机构"由两部分组成，一个叫"擒纵轮"，是一个边缘上有一圈尖角的齿轮；一个叫"摆轮心轴"，是一个竖立的直杆，悬挂在一条自上而下的绳索上，可以自由摆动。摆轮心轴上有一个马蹄铁形的凸起，叫"棘爪"，棘爪与擒纵轮上的齿轮咬合在一起。

冕状轮擒纵装置

重锤：驱动时钟运转的动力源自受重力做下落的重锤。

神奇的摆钟

摆钟可根据用途和要求制成座钟、挂钟、落地钟、子母钟的母钟、天文钟等型式。

摆钟的报时方式通常为机械打点报时，也有用电子扩音报时的。

擒纵轮一般通过若干传动齿轮被重锤或发条驱动，它的运动受摆轮心轴上棘爪的控制，擒纵轮只有等棘爪放开时才能转动。摆轮心轴和钟摆相连，钟摆每摆动一次，棘爪就释放擒纵轮上的一个尖角，让擒纵轮转一个小小的角度，如此循环往复。每当棘爪释放一次，都会给钟摆加一个力，所以钟摆就一直不会停止，于是，钟表就这样嘀嘀嗒嗒地走下去了。

古代的计时工具

在钟摆没有出现的时候，人们凭借天空颜色的变化、太阳的光度来判断时间。几千年前，古巴比伦人发现太阳的影子可以指示时间，发明了日晷。后来，希腊人根据水的流动特性发明了水钟，公元 1000 年时发明了沙漏。这些都是古代人们的计时工具。

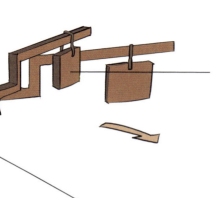

原始平衡摆： 摆轮心轴上方的水平杆叫"原始平衡摆"，它的两边挂有重量码，通过调节荷重使平衡摆的摆动形成规律。

摆轮心轴： 它是一个竖立的直杆，悬挂在一个自上而下的绳索上，可以自由摆动。

最早的机械钟出现于中世纪的欧洲，从此人们对时间的把握就更精确了。第一块石英表于 1972 年问世。在未来，根据原子钟原理而研制的能自动对时的电波钟表技术将逐渐成熟。

擒纵轮： 擒纵轮的边缘有一圈尖角，所以它的转动会受到摆轮心轴上那两个凸起的控制。这两个凸起叫棘爪。

随着摆轮心轴的不停转动，棘爪与擒纵轮的锯齿周期性啮合，时钟就嘀嗒嘀嗒地走起来了。擒纵轮有规律的转动，使表盘指针显示出正确的时间。

40. 电灯是如何帮助人类征服黑夜的

电灯，是利用电能，并将电能转化成光能的照明工具。现在还在使用的电灯，有几种类型，一种是"白炽灯"，就是常见的电灯泡，它是最早发明的电灯，此外还有荧光灯、节能灯、LED 灯等。

白炽灯是根据电产生热的原理制成的，将灯丝通电加热到白炽状态，利用热辐射发出可见光。白炽灯的结构非常简单，灯泡外壳用玻璃制成，里面有两个触角,触角头部连接着一段灯丝（一般用钨丝制成），灯泡内充满了惰性气体，作用是防止灯丝在高温下氧化。

当灯泡开启时，电流流过绕成螺旋状的灯丝。电子蜿蜒前进，它们不时与灯丝里的原子发生碰撞。每次撞击产生的能量带动原子发生振动，也就是将原子加热。被束缚在振动原子中的电子能量会短暂地跃迁至较高的能级。当它们恢复到正常能级时，电子将多余的能量以可见光子的形式释放出来。

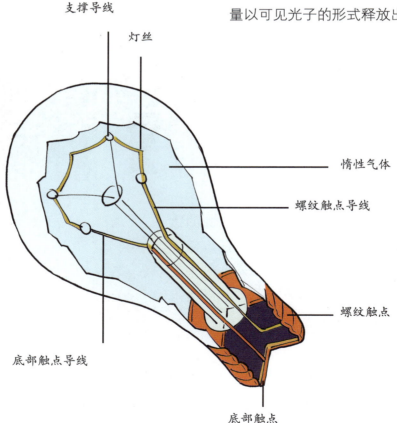

支撑导线

灯丝

惰性气体

螺纹触点导线

螺纹触点

底部触点导线

底部触点

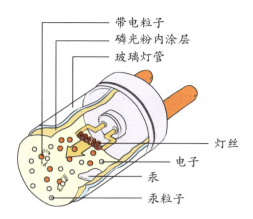

带电粒子
磷光粉内涂层
玻璃灯管
灯丝
电子
汞
汞粒子

荧光灯又名"日光灯"，也是最常见的电灯之一，外观是形状各异的密闭玻璃管。灯管中含有少量的汞和压力极低的惰性气体。灯管两端各有一个电极，连接着电路。灯管的内壁涂有磷光粉。

打开荧光灯时，两端的电极同时受热，两极之间的气体变为等离子体，使电流通过。带电粒子撞击汞原子，使其释放出人眼看不到的紫外光子，灯管的内壁涂有磷光粉，紫外光子撞击磷原子，激发出可见光。

白炽灯、荧光灯和 LED 灯
在所有用电的照明灯具中，白炽灯的效率是最低的。它所消耗的电能只有约 2% 可转化为光能，而其余部分都以热能的形式散失了。而且它的使用寿命通常不会超过 1 000 小时。荧光灯的光效约为 20%~30%。LED 灯的效率是白炽灯的 4~6 倍。

节能灯是荧光灯的一种
现在常见的电灯还有一种叫节能灯，又叫紧凑型荧光灯，具有光效高（是普通灯泡的 5 倍）、寿命长（是普通灯泡的 8 倍）、体积小、使用方便等优点。它的工作原理和荧光灯基本相同。

荧光灯的电路需要一个镇流器来控制电流。

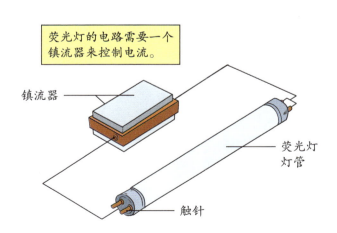

镇流器
荧光灯灯管
触针

41. 发电机为什么能源源不断地生产电能

发电机（Generators）是将其他形式的能源转换成电能的机械设备。风、水流、柴油机等都具有机械能，把它们的机械能传递给发电机，就能发出电了。很多大功率的发电机组合在一起，就是发电厂，如风力电站、水电站等。

发电机的形式很多，但工作原理都是基于电磁感应定律和电磁力定律。什么是电磁感应呢？当金属丝在磁铁附近移动时，电就会在这根金属丝中流动，这就是电磁感应。简单说，发电机中起磁铁作用的部件称为"定子"，金属丝缠绕成的线圈称为"转子"。

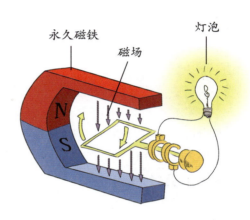

让转子在定子的磁场中旋转，转子线圈做切割磁力线的运动，从而产生感应电势，通过接线端子引出，接在回路中，便产生了电流。

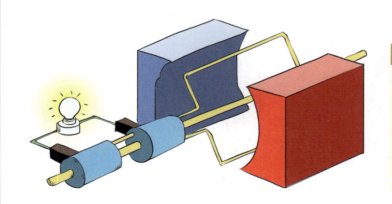

旋转电驱式发电机原理图

大多数发电机只能发出交流电

因为发电机的旋转运动导致其只能发出交流电，而不是单向传输的直流电。每秒钟，电流都会多次改变其流动方向。

发电机通常由定子、转子、主轴等部件构成。

主轴： 转子在高精密度的轴承中转动。转子必须保持平衡的转速，以确保产出的电压是稳定的。

转子： 在定子里面，还有一个缠满了金属线的线圈，它就是转子，它可以绕着主轴旋转，电流就产生了。

外壳

电流输出接触器

定子磁场

主轴的滚珠轴承

绕组： 第一个转子和定子上，都缠绕着上千圈金属丝，金属丝越多，发电机发出的电就越多。

定子： 金属线圈外面固定不动的装置就是定子，定子起磁铁的作用，实际上它是电磁铁，最早的发电机定子是真正的永久磁铁。1867年德国发明家西门子用电磁铁代替了永久磁铁，使磁力增强，产生了强大的电流。

发电机是谁发明的

1831年，法拉第发现了电磁感应原理，并建造了第一座发电机原型。第二年，受法拉第发现的启示，法国人皮克希应用电磁感应原理制成了手摇式直流发电机，这就是最早的发电机。它的原理是通过转动永磁体使磁通量发生变化而在线圈中产生感应电动势，并把这种电动势以直流电压形式输出。

42. 发动机是如何产生动力的

发动机（Engine）是一种能够把其他形式的能转化为机械能，由变速齿轮、引擎和传动轴等组成的一整套动力输出设备。发动机最早诞生在英国，所以，发动机一词也源于英语，它的本义是"产生动力的机械装置"。

发动机的种类包括内燃机（汽油发动机等）、外燃机（斯特林发动机、蒸汽机等）、电动机等。内燃机通常是把化学能转化为机械能。发动机既适用于动力发生装置，也可指包括动力装置的整个机器（如汽油发动机、航空发动机）。

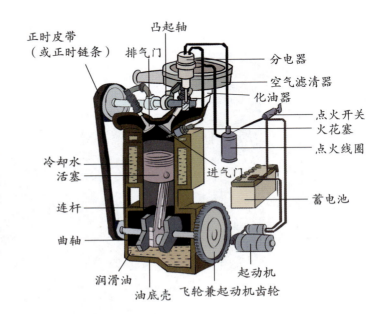

正时皮带（或正时链条）　凸起轴　排气门　分电器　空气滤清器　化油器　点火开关　火花塞　点火线圈　蓄电池　进气门　冷却水　活塞　连杆　曲轴　润滑油　油底壳　飞轮兼起动机齿轮　起动机

发动机的剖面图

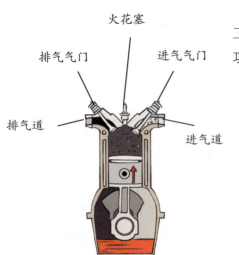

火花塞　排气气门　进气气门　排气道　进气道

下面我们以内燃机（汽油机）为例，汽油机的工作过程就是：进气—压缩—喷油—燃烧—膨胀做功—排气，然后不断循环反复产生动力。

① 进气行程
曲轴的转动带动活塞向下运动，使气缸容积增大，产生真空吸力，使进气门打开，空气与汽油的可燃混合气被吸入气缸。

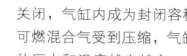

❷ 压缩行程

曲轴继续旋转，活塞从下向上运动，这时进气门和排气门都关闭，气缸内成为封闭容积，可燃混合气受到压缩，气缸内的压力和温度越来越高。

外燃机

外燃机顾名思义，就是说它的燃料在发动机的外部燃烧。第一台外燃机在 1816 年由苏格兰的 R. 斯特林所发明，所以外燃机又称"斯特林发动机"。发动机将这种燃烧产生的热能转化成动能，瓦特改良的蒸汽机就是一种典型的外燃机，当大量的煤燃烧产生热能把水加热成大量的水蒸气时，高压便产生了，然后这种高压又推动机械做功，从而完成热能向动能的转变。

❸ 做功行程

做功行程包括燃烧过程和膨胀过程。这时，进气门和排气门仍然保持关闭，火花塞打火点燃压缩的混合气，气体燃烧后膨胀，推动活塞向下运动，通过连杆使曲轴旋转并输出机械功，除了用于维持发动机本身继续运转外，其余用于对外做功。

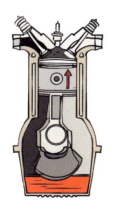

❹ 排气行程

当做功接近终了时，排气门开启，进气门仍然关闭，靠废气的压力先进行自由排气，接着靠活塞运动继续把废气强制排出去，然后排气门关闭，排气行程结束。曲轴继续旋转，活塞从上向下运动，又开始了下一个新的循环过程。

四行程汽油机经过进气、压缩、做功、排气四个行程完成一个工作循环，这期间活塞上下往复运动了四个行程，相应地曲轴旋转了两圈。

43. 电动机是怎样产生动能的

电动机是一种可以把电能转化为机械能的机器。它一般由导电线圈和磁铁（或电磁铁）构成，依据电磁原理而工作，磁铁发出的磁场与线圈相互作用，驱使线圈绕着转轴转动，动能就产生了。

永磁电动机

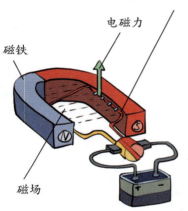

线圈
（也称"转子"）

电磁力

磁铁

磁场

当电流通过放在磁场中的线圈时，在电磁力的作用下，线圈会旋转。

电动机的工作原理与发电机相反。电动机的用途是带动其他的机器工作，大到电气火车，小到电动牙刷和电脑硬盘驱动器，电动机有成千上万种用途。

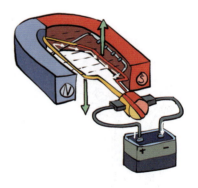

每当线圈旋转半圈，电流的方向就随之改变，这就是交流电。如果想让电流的方向保持不变，就需要利用整流器了。

永磁电动机

永久磁铁顾名思义，就是在没有外加磁场下，能够长久保持自身磁性的物体。

永久磁铁的南北两极会形成一个磁场，通电的线圈在磁场中会发生旋转，将旋转传给其他机器，比如模型汽车的车轮，小汽车就开动了。

电磁电动机

线圈（电磁铁）

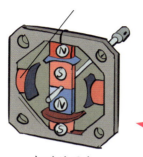

相对的两个线圈通电后，磁铁就会转动。

转子（磁铁）

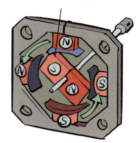

然后，将另外两个线圈通电。

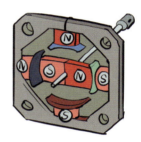

最后，电动机就随着通电线圈的交替通电转动起来了。

步进电动机

转子

转子是旋转式机械的转动部分，是由导线缠成的线圈。

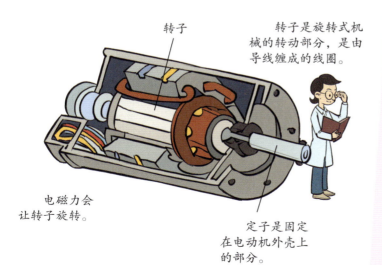

电磁力会让转子旋转。

定子是固定在电动机外壳上的部分。

所有的电动机都可以看作在磁场中转动的磁铁。

电磁电动机

如果把一些小铁片放在充满电流的环境中，它们就变成了磁铁，这就是电磁铁。我们通常把铁芯制成条形或马蹄形，外部缠绕与其功率相匹配的导电绕组。电磁铁的发明也使发电机的功率得到了很大的提高。

电动机的轴会把动能传递给齿轮，然后由齿轮传递给钻头。

步进电动机

与永磁电动机和电磁电动机不同，步进电动机中的转子是一块磁铁。每输入一个脉冲信号，步进电动机就前进一步，故又称脉冲电动机。步进电动机多用于数字式计算机的外部设备，以及打印机、绘图机和磁盘等装置。

想让打印机中的纸向前走，就需要用到步进电动机。这种电动机运行平稳，定位精确。

44. 用天文望远镜怎样观察天体

浩瀚的宇宙，自古以来便是最令人类产生无限遐思的地方，宇宙的庞大，让一般人难以想象。而天文望远镜的诞生和发展，让人类与宇宙的"距离"缩短了许多。它是帮助人们观测天体，进而了解宇宙的重要工具，毫不夸张地说，没有望远镜，就没有现代天文学。下面，就让我们一起来了解一下，天文望远镜到底是什么，都有哪些组成部分，以及它是怎么工作的吧！

天文望远镜有自动跟踪系统，在观测行星时，如果目标的位置发生改变，自动跟踪系统会及时调整观测角度。

2 主镜：它是天文望远镜的核心部分，具有巨大的凹形底部，可以聚集尽可能多的光。

1 在夜空中，闪烁着很多的星星。

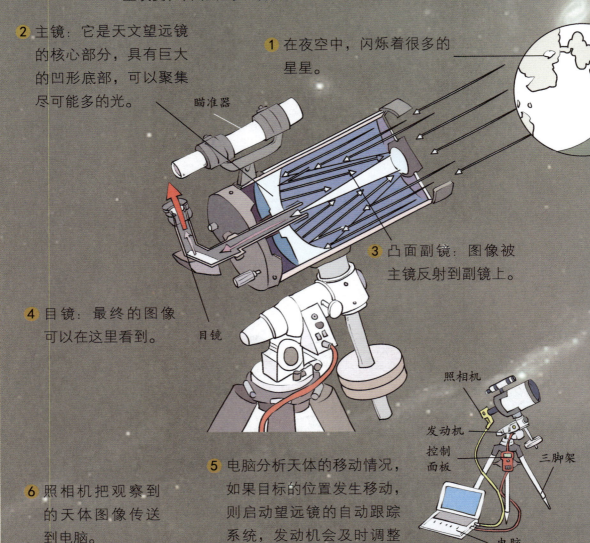

瞄准器

3 凸面副镜：图像被主镜反射到副镜上。

4 目镜：最终的图像可以在这里看到。

目镜

照相机

发动机

控制面板

三脚架

电脑

5 电脑分析天体的移动情况，如果目标的位置发生移动，则启动望远镜的自动跟踪系统，发动机会及时调整观测方向。

6 照相机把观察到的天体图像传送到电脑。

◎天文望远镜为什么不适合观察景物

有些人觉得天文望远镜"倍数大"，看景物会更清晰，实际上并非如此。其中不少是由于一些影视作品的误导：办案警察使用一架天文望远镜，在监视罪犯的行动。这在真实场景里是做不到的，因为天文望远镜看到的景物都是倒的。因为它是专门为观星设计，画面无所谓正反，所以里面没有棱镜，成的像都是倒的，即使加上正像镜（也叫天顶镜），成像也是左右相反的。

数字图像会传递给卫星，随后会传送到地面天线，最终传给天文学家。

另外，天文望远镜看的是点状目标，所以对视野大小要求不高，因而采用的是长焦比镜片。而对于专门的地面观景来说，视野的大小就很重要了，观景镜采用的是短焦镜片。

中继卫星　通信天线　副镜　光线　主镜　光电电池

地面天线　测量仪器

空间望远镜甚至可以观测到天体发出的微弱的光。

所以，用天文镜看景物，会感觉视野非常狭窄。因而，对清晰度有要求的爱好者可以选择专门观察景物的观景镜。

空间望远镜

空间望远镜是指在太空轨道上的天文望远镜。它能够在没有大气折射的情况下观测天体，因此获得的图像更清晰。因为大气会吸收某些光线或是让光线变弱，这样就会造成图像的偏差。

总之，天文望远镜是专门为观天而设计，很多对观景效果很重要的指标，天文望远镜的设计中不重视，同样档次的天文望远镜的观景效果，远不如普通的台式望远镜观景的效果好（如视场、边缘的清晰度、色彩还原等）。对非天文爱好者来说，台式望远镜的用途更广，综合效果更好。

45. 显微镜如何帮我们观察微生物

显微镜是人类最伟大的发明物之一，在它被发明之前，人类关于周围世界的观念，仅仅局限在用肉眼，或者靠持透镜等办法。而显微镜的问世，让人类真正步入了原子时代。一个全新的世界，赤裸裸地展现在了人类的视野里。通过显微镜，人们第一次看到了数以万计的"新的"微小动物和植物，以及从人体到植物纤维等各种东西的内部构造。可以说，显微镜在发现新物种及医疗方面具有划时代的意义。

显微镜是由一个透镜或几个透镜的组合构成的一种光学仪器，主要用于放大微小物体，让人眼可以直接看到。从类型上而言，显微镜主要可分为光学显微镜和电子显微镜两种。

光学显微镜是在 1590 年由荷兰的詹森父子所首创。它是利用光学原理，把人眼所不能分辨的微小物体放大成像，以供人们提取微细结构信息的光学仪器。而现在的光学显微镜可把物体放大 1 600 倍，分辨的最小极限达 0.1 微米。光学显微镜的镜筒由物镜和目镜构成。物镜会形成透明、放大的图像。

物镜

物镜是决定显微镜性能的最重要部件，安装在物镜转换器上，接近被观察的物体，故叫作物镜或接物镜。

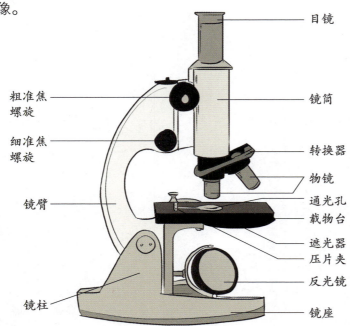

目镜

粗准焦螺旋

细准焦螺旋

镜臂

镜柱

镜筒

转换器

物镜

通光孔

载物台

遮光器

压片夹

反光镜

镜座

电子显微镜是 1926 年由汉斯·布什发明的。它是由镜筒、真空装置和电源柜三部分组成的光学仪器。经过 50 多年的发展，电子显微镜已成为现代科学技术中不可缺少的重要工具。

⑤ 观察标本时可以直接通过目镜观察，也可以通过显示屏。

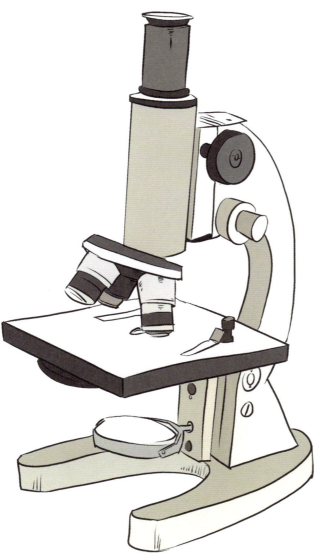

目镜

目镜由上下两组透镜组成，上面的透镜叫作接目透镜，下面的透镜叫作会聚透镜或场镜。目镜的长度越短，放大倍数越大（因目镜的放大倍数与目镜的焦距成反比）。总之，目镜是显微镜诸多部件中，能将已被物镜放大的、分辨清晰的实像进一步放大，达到人眼能容易分辨清楚的重要部件。

① 血液玻片标本被放置在载物台上。

② 光源发出光线，通过反光镜的折射，照亮标本。

③ 物镜通过准焦螺旋调整焦距。

④ 标本通过棱镜、物镜和目镜被一步步放大。

早在公元前1世纪，勤劳智慧的人类，就已发现通过球形透明物体去观察微小物体时，可以使其放大成像。后来人们开始逐渐对球形玻璃表面能使物体放大成像的规律，进行总结和归纳。

46. 你知道火箭升空的奥秘吗

火箭（rocket），是以热气流高速向后喷出，利用产生的反作用力向前运动的喷气推进装置，速度非常的快。而在生活中，人们也常常用"火箭速度"来形容速度快。但是你知道火箭是由哪些部件构成的吗？它的飞行原理又是什么呢？

火箭自身携带燃烧剂与氧化剂，不依赖空气中的氧气助燃，既可在大气中，又可在外层空间飞行。

现代火箭一般作为快速远距离运输工具，可以用以发射人造卫星、人造行星、宇宙飞船等，也可装上弹头制成导弹。

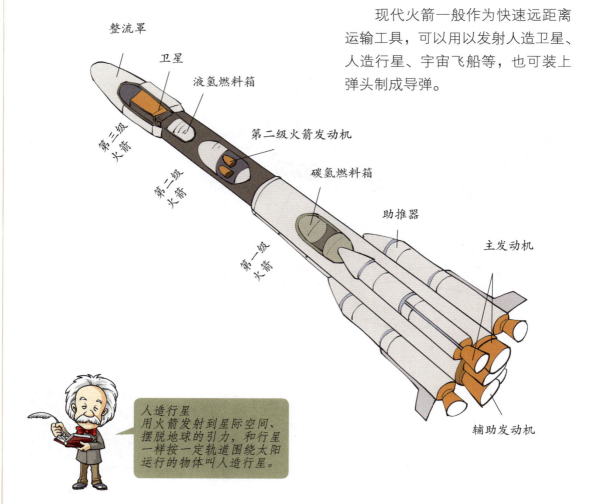

人造行星
用火箭发射到星际空间、摆脱地球的引力，和行星一样按一定轨道围绕太阳运行的物体叫人造行星。

火箭是怎么升空的呢？简单说，由装有易燃混合物的壳体组成的装置，燃烧生成的气体向后排出，从而产生反作用力把它发射到空中。可用作燃烧弹或者爆破弹，或者作为卫星的发射或回收装置。

⑦ 通信卫星被送入预定轨道。

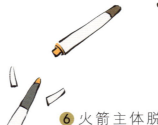

⑥ 火箭主体脱落，其后由第二级火箭发动机负责推动火箭。

⑤ 3.5 分钟后，火箭到达 1750 千米左右的高度，已接近太空。这时，原本为了保持火箭流线型的整流罩失去了作用，逐渐脱落。

④ 两个主发动机脱落。火箭的动力靠辅助发动机提供。

③ 2 分钟后，助推器中的燃料烧尽，助推器脱落。

② 火箭最初由助推器提供动力，助推器能推动火箭以 30 000 千米/时的速度升空。

① 主发动机和辅助发动机点火。接着，助推器点火，火箭加速。

47. 核电站怎样利用核能发电

相比于普通的发电，核能发电具有效率高、功能大、对环境危害小的特点。现在就让我们一起来揭开核能发电神秘的面纱吧。

核裂变是一个重原子的原子核分裂为两个或更多较轻原子核，并在分裂时释放巨大能量的过程。核裂变时释放的能量是相当巨大的，1 千克铀 −235 全部核裂变时，将产生 20000 兆瓦小时的能量，足以让 20 兆瓦的发电站运转 1000 小时，与燃烧 300 万吨煤释放的能量一样多。

所以，现如今的核电站，都是利用核反应堆中核裂变所释放的热能进行发电。

◎1.核燃料

自然界存在的可裂变元素只有铀 −235，而它只占天然铀中的 0.7%，其余均为铀 −238。但是，在核电站中可将一部分铀 −238 转变为钚 −239；同样，也可以将自然界中大量存在的钍 −232 转变为可裂变的铀 −233，并且因为核聚变巨大的能量优势，所以核燃料是不会枯竭的。

控制杆：可以吸收过量的中子，确保链式反应不会超出可控制的范围。

减速剂：减速物质可以降低中子的速度，使其持续产生热量，而不是突然爆炸。

◎2.反应堆

原子能反应堆是能维持可控自持链式核裂变反应，以实现核能利用的装置。核反应堆通过合理布置核燃料，使得在无须补加中子源的条件下能在其中发生自持链式核裂变过程。核电站的核心部件就是可以控制反应堆里的核能反应的装置，其他的都是用来传输热量和安全控制的设施。

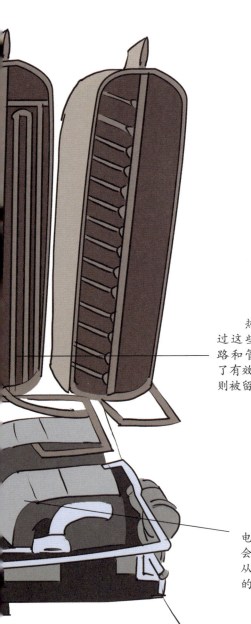

核废料堆

◎3.核废料

和火力发电一样，核能发电也会产生"炉渣"，就是核废料。核反应堆用过的废燃料，经处理回收钚-239等可利用的核材料后，余下的不再需要的并具有放射性的就是核废料。这些废料具有高辐射性，需要经过专门的安全处理措施，才可以排放。

热交换装置：通过这些不计其数的环路和管道，热能进行了有效传输，而放射能则被留在了回路中。

◎4.核电

预计到2020年，我国核能发电规模约为4000万千瓦，所占的比重依然小于火力发电。目前世界上利用核能发电最多的国家是法国，其核能发电额占所有发电额的78%以上。

总之，我们使用的电很大的一部分可能就来源于核能发电哦！

蒸汽涡轮发电机：高压蒸汽会转动涡轮机，从而带动发电机的运转。

48. 水电站怎样利用流水发电

人们利用河流水位的高低落差，修建水电站发电，是获得电流的重要方式，甚至我们在我国西南部的一些地区，还能见到许多小水电站。它们成本低、发电量小，但是灵活而清洁，有着不可替代的作用。如果是居住在长江中下游地区的南方同学，那么家里所有的电基本上都来自长江三峡水电站。打开电灯，小小的电流将几千里的水和光连接在一起，想一想多么有意思啊！

❶ 河水经由拦水设施攫取后，经过压力隧道、压力钢管等水路设施送至电厂。

❷ 当机组需运转发电时，打开主阀（类似家中水龙头之功能），然后开启导翼（实际控制输出力量的小水门），使水冲击水轮机，水轮机转动后带动发电机旋转。

河水浩浩荡荡从高往低流，人们利用水位落差，配合水轮发电机产生电力，也就是利用水的位能转为水轮的机械能，再以机械能推动发电机，而得到电力。

❸ 发电机加入励磁后，建立电压，并于断路器投入后开始将电力送至电力系统。

科学家们以此水位落差的天然条件，有效地利用流力工程及机械物理等，精心搭配以达到最高的发电量，供人们使用廉价又无污染的电力。

❹ 如果要调整发电机组的出力，可以通过调整导翼的开度增减水量来达成，发电后的水经由尾水路回到河道，继续朝下游流去。

不用担心水力发电的"原料"耗尽。水流入大海后，又会通过阳光的蒸发作用，变成云，然后变成雨水，重新降落到大地上。

水电站除了发电的作用外，还可以起到冲刷河道、灌溉蓄水等作用。

三峡水电站

长江三峡水利枢纽工程，位于湖北省宜昌市境内的长江西陵峡段，是全世界最大的水电站。它于1994年正式动工兴建，2003年6月1日下午开始蓄水发电，于2009年全部完工。装机容量达到2 240万千瓦的三峡水电站，截至2012年年底，累计发电量高达6 291.4亿千瓦时，对我国经济发展做出了巨大的贡献。

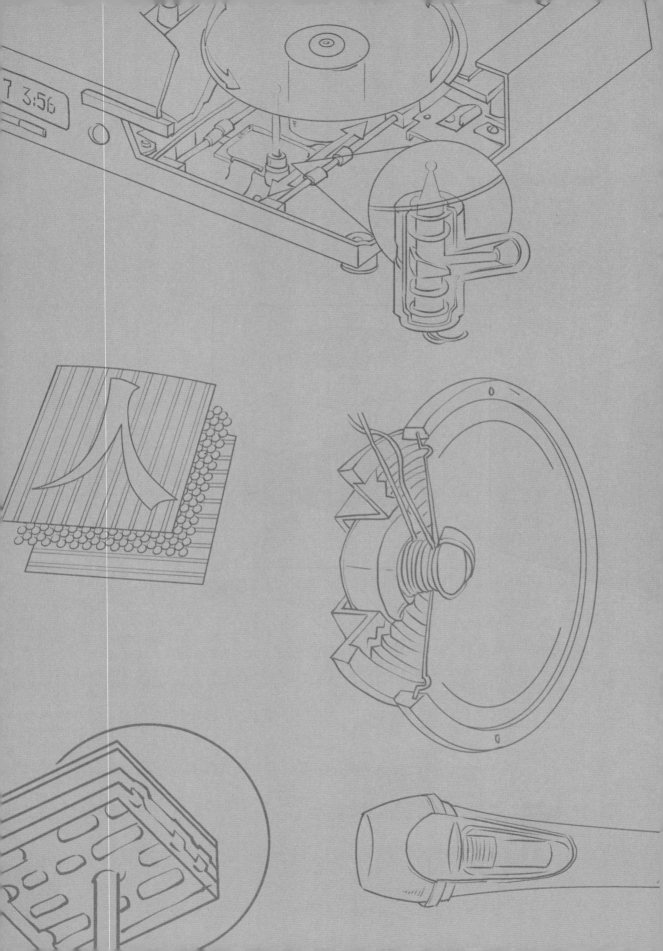

五花八门的娱乐产品

49. 电纸书有哪些神奇之处

由于生活节奏的加快，现代都市人的时间都呈碎片化分布，不读书或是没时间读书现象很普遍。人们更愿意在逛街的时候，走进服装店，而不是书店；人们在睡前，更愿意拿着手机，浏览些信息，而不是像过去一样，捧一本书安然入眠。人们迫切需要能承载碎片化阅读的新型设备，而环保、健康、无辐射、方便携带、可承载巨量内容的电纸书，当之无愧地成了现代人阅读的主流载体和媒介。

电纸书的神奇之处主要集中在它的特殊屏幕上。它的屏幕叫电子墨水屏，英文名称为 electronic paper，所以又称 E-Ink 屏。

E-Ink 屏幕的结构并不复杂，显示原理也很简单：E-Ink 屏由电子墨水及两片基板组成，上面涂了一层由无数微小的透明颗粒组成的电子墨水，这个颗粒实际上还不到人的头发丝的一半。

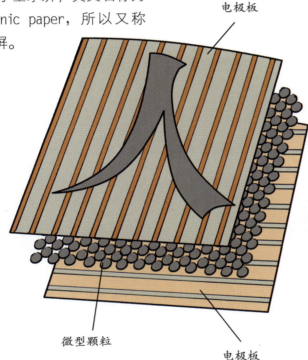

电极板

每页电子纸其实都是一张非常密集的带电网格。

微型颗粒

电极板

为了帮助理解，我们可以把电子墨水颗粒想象成一粒"胶囊"，胶囊里面分别装入了带负电的黑色颗粒和带正电的白色颗粒，而我们可以控制基板电流的极性，按照同性相斥、异性相吸的原理，可以实现白色还是黑色颗粒在上面，从而让该点显示白色或者黑色。

而控制整个面板，就可以显示整幅画面或者文字了。控制同时在上面的黑色粒子和白色粒子的数量，就可以实现该点不同灰度的显示。

和 E-Ink 屏相比，电脑屏幕是自己发光的，
手机、笔记本、平板电脑、台式机的液晶屏的背
后都有一组灯管在提供光源。而 E-Ink 是电子墨
水屏幕，光线是从屏幕上反射到眼睛里的。这也
是人们阅读印刷书的原理，光线从外部射到纸面
上，然后反射到人的眼睛里。

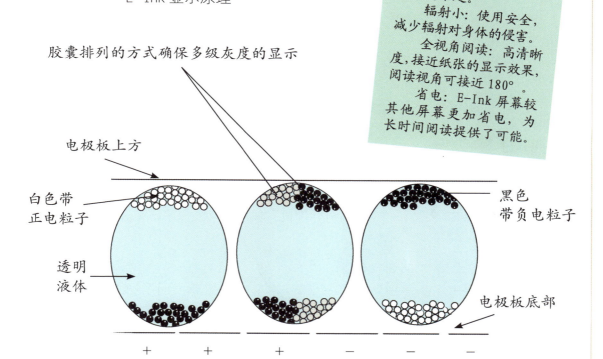

E-Ink 显示原理

胶囊排列的方式确保多级灰度的显示

电极板上方

白色带
正电粒子

透明
液体

黑色
带负电粒子

电极板底部

+　　+　　+　　－　　－　　－

E-Ink 屏幕为什么受到青睐

保护视力：屏幕的显示效果接近于纸质书，无闪烁，可长时间阅读，为阅读者提供最舒适的阅读感。

强光可看：基于电子墨水技术的电子纸显示屏，在阳光照射下不反光，令人充分体验户外阅读的乐趣。

辐射小：使用安全，减少辐射对身体的侵害。

全视角阅读：高清晰度，接近纸张的显示效果，阅读视角可接近180°。

省电：E-Ink 屏幕较其他屏幕更加省电，为长时间阅读提供了可能。

E-Ink 屏幕没有任何亮度，这个既是
E-Ink 屏幕的优点，也是其弱点。它在日
光下可以非常方便地阅读，显示效果非常
出色，但在光线差或者完全没有光线的环
境下，阅读就变得困难或者完全没法阅
读，需要借助其他光源。当然，最新产品
已经增加了光源，阅读者可以根据需要自
行打开灯光。

阅读纸质书感觉最好，可是囊中羞涩啊，家里的书架也放不下了。用平板电脑或者笔记本阅读呢，又伤害眼睛。E-Ink屏幕的优点此时就显现出来了。

50. 为什么手机能让信息翻山越岭

手机无疑是现今世界上最先进，同时也是最重要的通信工具之一，手机的出现，给人类的生活带来了很多变化，也提供了许多便利。如今，人们的生活已离不开手机，甚至有人感觉到没有手机生活很无聊。只要拿着手机，人们就会感觉舒服和自在。

手机可以是一部音乐播放器，一部游戏机，一部文字或图像信息传送或接收机。拥有一部装有功能健全稳定的浏览器的手机，人们可以在互联网上完成等同于一部电脑在互联网上的所有作为。新潮高端的手机，甚至有了全球定位系统。所有这些功能都可以运筹于指掌之间。仿佛我们的世界，都包含在了这样一部小小的机器里。

此外，手机还缩短了人与人之间的距离，谁想起谁，如果没有时间去看看对方，只要轻轻拨通随身的电话，一切都迎刃而解。再不用站在江头望着江水东去而感慨万千了。

1902 年，一位叫作内森·斯塔布菲尔德的美国人在肯塔基州默里的乡下住宅内制成了第一个无线电话装置，这部可无线移动通信的电话可以算是人类对"手机"技术最早的探索研究。

1946 年，美国最大的通信公司贝尔实验室造出了第一部所谓的移动通信电话。但是，由于体积太大，研究人员只能把它放在实验室的架子上，慢慢人们就淡忘了。

1957 年，苏联工程师库普里扬诺维奇发明了 ЛК-1 型移动电话。第二年做了改进，使设备重量从 3 公斤减轻至 500 克，外形精简至两个香烟盒大小，可向城市里的任何地方进行拨打，可接通任意一个固定电话。

到 20 世纪 60 年代中期，库普里扬诺维奇的移动电话已能够在 200 公里范围内有效工作。库普里扬诺维奇的便携移动电话在当时来说代表了创新和先进的技术。

20 世纪 90 年代，当时的手机是现在手机的 3 倍大，价钱比现在贵 5 倍。迄今为止，手机已发展至 4G 时代了。

◎手机是怎样接收数据的

⑥ 定位接收人。平时，接收人的手机在没有通话的情况下，也在不间断地向电话网络发送信号，提示自己的方位，所以网络可以很迅速地找到接收人。呼叫中心将数据发送到离他最近的基站。

⑦ 传送的照片显示在接收人的电话上。如果接收人是在移动的车辆内，信号可以很顺畅地从一座发射塔传送到另一座发射塔。

电话号码有什么作用

打电话，似乎是方便而快速的过程，但其实需要一系列信号转换。每一部电话，无论固定电话还是移动电话，都有一个号码，电话号码就像信封上的地址，告诉网络应将电话连向何处。

④ 呼叫中心根据网络拥堵情况选择最快的传输路线。数据随后被传送到抛物面天线（传送方式可以是无线电、微波、电缆或者光纤）。

⑤ 卫星接收数据并将其传到图片接收人当地的呼叫中心。

③ 通信信号从一个网络小区进入另一个网络小区，然后来到呼叫中心，那里管理着所有的数据传输。

① 用手机发出一张图片。

② 离得最近的接收塔会接收图片的数字信号。

51. 数字相机轻松记录影像的奥秘是什么

数字相机，也称数码相机，英文全称是 Digital Still Camera，是一种利用电子传感器把光学影像转换成电子数据的照相机。它集成了影像信息的转换、存储和传输等部件，具有数字化存取模式、与电脑交互处理和实时拍摄等特点，为我们的生活提供了许多便利，也为我们日常平淡的生活，增添了许多乐趣。

传统相机使用的是胶卷，胶卷中有一种含银的物质——溴化银，它感光后会发生微妙的化学变化，银微粒按照感光的强弱，深浅不等地分布在胶卷上，从而将图像储存在胶卷中。

数字相机的种类

数字相机根据用途可分为：单反相机、微单相机、卡片相机、长焦相机和家用相机等。

④ 快门装置会打开和关闭快门。快门其实就是传感器前沿的一块"帘子"。数字相机的自动快门能够控制光圈和曝光时间。

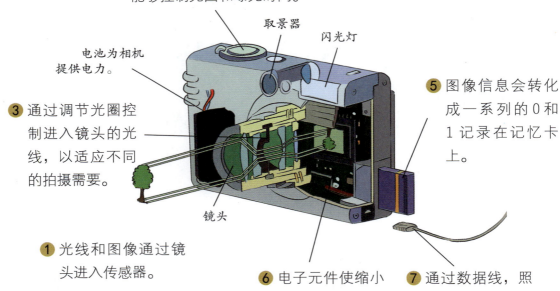

取景器

闪光灯

电池为相机提供电力。

⑤ 图像信息会转化成一系列的 0 和 1 记录在记忆卡上。

③ 通过调节光圈控制进入镜头的光线，以适应不同的拍摄需要。

镜头

① 光线和图像通过镜头进入传感器。

② 传感器对光线非常敏感，它会把电流转化为电子信号。

⑥ 电子元件使缩小的图像立刻出现在显示屏上。

⑦ 通过数据线，照片也可以显示在电脑或电视上。

数字相机的成像元件是一种光感应式的电荷耦合器件（CCD）或互补金属氧化物半导体（CMOS）。当光线通过镜头进入相机时，成像元件根据光线的不同转化为数字信号，数字信号通过影像运算芯片储存在存储设备中。

什么是分辨率

分辨率与像素是两个非常相似的概念，但是两者又有所不同。从关系上来讲，分辨率是指单位成像尺寸上面的像素个数。一般来讲，单位尺寸上的像素数越多，分辨率也越高。对于一张图片来讲，像素是固定不变的，但是分辨率却是可以随时改变的，随着图像的放大，分辨率将逐渐减小。

数字相机最早出现在美国。20多年前，美国曾利用它通过卫星向地面传送照片，后来数字摄影转为民用并不断拓展应用范围。

每个感光单位都会接收三种颜色中的一种颜色，然后放射出对应的可变电流。

红、绿、蓝三种颜色的小方块滤镜会过滤光线并将光线分析成三种颜色。

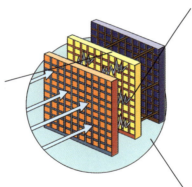

传感器

电流随后会转化成数字信号，图像上的每个点（像素）都会根据自己的位置和颜色转化成相应的编码。

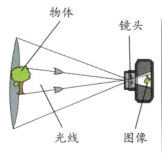

物体 镜头 光线 图像

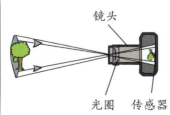

镜头 光圈 传感器

镜头会在传感器上成像。推拉镜头的同时，就可以确定图像的大小或者选择广角拍摄等功能。

52. 扬声器是怎么发出声音的

扬声器又称"喇叭"，是一种把电信号转变为声信号的设备。它是人类运用智慧，在电与声的领域不断探索的结晶。自诞生之日起，人们就通过不断创新、不断改进设备积极开发扬声器的新用途。时至今日，扬声器的种类繁多，功用各有千秋，我们平常见到的音箱就是一种外置扬声器，而电视机、收音机的喇叭则是内置扬声器……总而言之，扬声器的出现，给广大听众带来了极大的便利，也为人类文明的进步起到了不小的推动作用。

扬声器的工作原理其实很简单，即把电能通过电磁等方式转化成机械振动，使扬声器内的膜片振动周围空气，从而产生声音。扬声器的种类很多，以锥形扬声器为例：锥形扬声器的主要部件是磁铁、音圈、定心支片、锥型纸盆、框架等。

⑤ 膜片振动空气，这样就产生了声音。空气振动的频率不同，声音的高低也就不同。快速振动会发出尖锐的声音，缓慢振动则会发出低沉的声音。

① 放大器把电流输送到扬声器。

② 电流通过音圈。

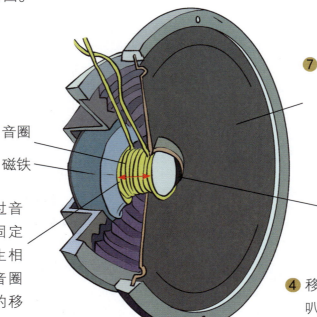

音圈

磁铁

③ 当电流通过音圈时，与固定的磁铁发生相互作用，音圈发生持续的移动。

⑦ 膜片又叫"纸盆"，是不是像个小盆的形状？它是扬声器发音的部件。

⑥ 音圈跟喇叭的膜片连接在一起。

④ 移动的音圈带动喇叭的膜片一起振动。

麦克风的工作过程

扬声器的工作过程是把电能转化为机械能（振动），而麦克风正好相反，是把机械能（振动）转化为电能。

麦克风，是 microphone 的音译，也叫话筒，学名为"传声器"，是将声音信号转换为电信号的设备。

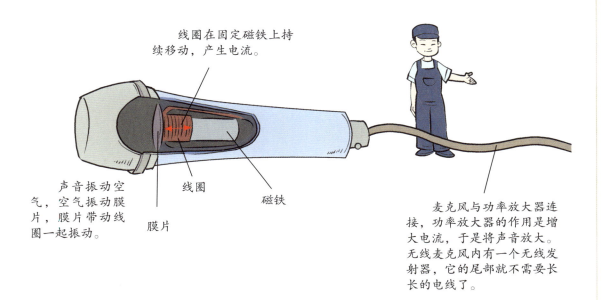

线圈在固定磁铁上持续移动，产生电流。

声音振动空气，空气振动膜片，膜片带动线圈一起振动。

膜片

线圈

磁铁

麦克风与功率放大器连接，功率放大器的作用是增大电流，于是将声音放大。无线麦克风内有一个无线发射器，它的尾部就不需要长长的电线了。

在全球范围内，4G 的应用已越来越广泛，不论是互联网电视、智能手机，还是平板电脑、上网本等新产品的涌现，都会影响着扬声器的更新换代。

例如，如今消费类电子产品正在朝着多功能、个性化、便携化、高保真的方向发展，这无形中也让扬声器的电声元器件朝着超小型化、数字化、集成化和模组化的方向发展。在未来的几十年里，微型扬声器以及微型麦克风的市场需求量会越来越大。

53. DVD 播放器是如何播放电影的

DVD 播放器指的是能够播放 DVD 光盘的设备。它是现代家庭中最普及的家用电器之一，也是组成家庭影院播放系统的最重要的配置之一。高端的 DVD 播放器，不仅可以在画质上表现出色，对视频解码能力突出，而且在声音支持上也有出色表现。此外，高端播放器同时支持蓝光光驱及硬盘影柜播放。DVD 播放器让你足不出户，就可感受到影院般的高清画质和音质。

❶ 电动机让光盘以固定而准确的速度旋转。

❷ 滑动架随着数据磁道移动。

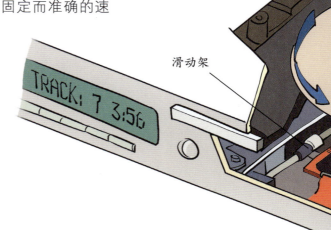

滑动架

TRACK: 7 3:56

❹ 光盘反射层上有许多小小的凹坑，没有凹坑的地方是平台，凹坑和平台这两种状态包含了光盘的所有数据。

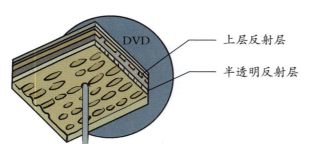

DVD

上层反射层

半透明反射层

DVD 和 BD（蓝光光碟）上包含着许多层数据，上面的凹坑比 CD 上的更细小，所以可以包含更多的数据。

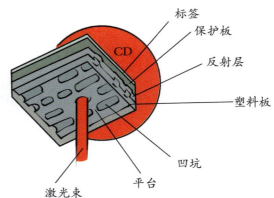

CD

标签

保护板

反射层

塑料板

凹坑

平台

激光束

122

DVD 的功能

DVD，是数字多功能光盘简称。它是一种光盘存储器，通常用来存储高清晰度的电影、高质量的音乐。此外，它还能存储大容量的电子数据。

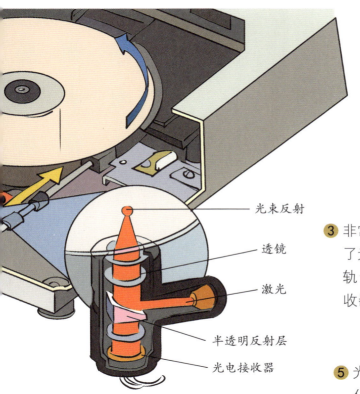

光束反射

透镜

激光

半透明反射层

光电接收器

❸ 非常细的激光束照亮了光盘的轨道，并被轨道反射到光电接收器。

❺ 光电接收器侦测到凹坑，把它们转化成电子信号。

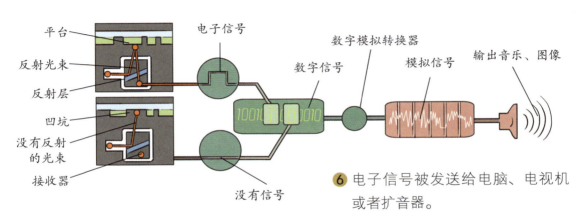

平台

反射光束

反射层

凹坑

没有反射的光束

接收器

电子信号

数字信号

数字模拟转换器

模拟信号

输出音乐、图像

没有信号

❻ 电子信号被发送给电脑、电视机或者扩音器。

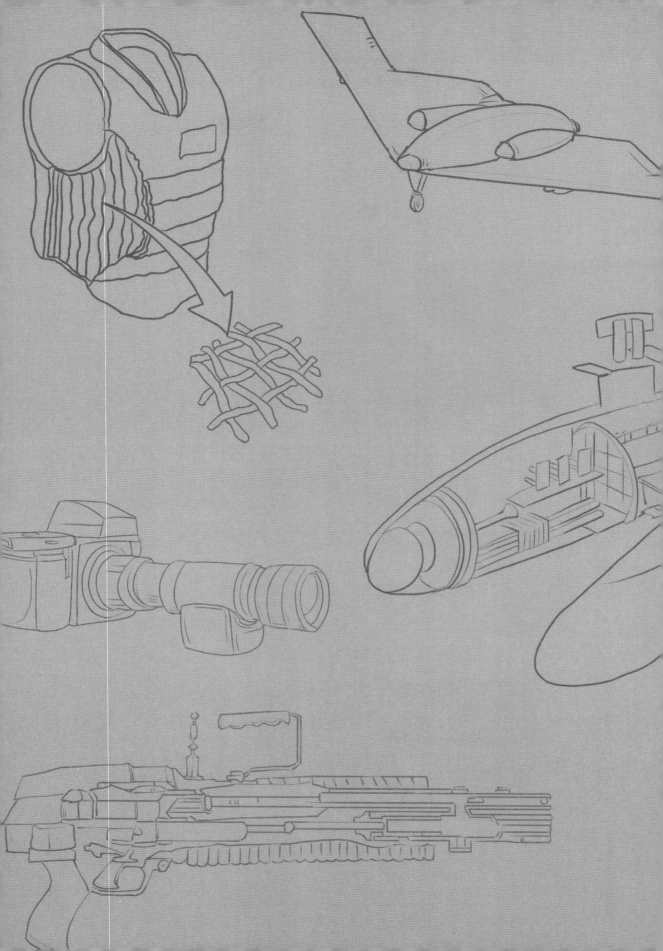

威力无比的军事武器

54. 机枪是如何发射子弹的

机枪（machine gun），旧称机关枪，是一种全自动、可快速连续发射子弹的枪械，一般带有枪架或枪座。机枪通常分为轻机枪、重机枪、通用机枪和大口径机枪等。下面，就让我们来一同深入地了解下机枪吧！

图示是一种弹链供弹的轻型机枪，还有许多自动武器如突击步枪，是由弹匣供弹的，弹匣就是装子弹的容器，在弹匣底部装有弹簧条，可将子弹一颗颗地向上推至枪膛的机械装置中。弹匣比弹链使用起来更轻更方便，但它只能装少量的子弹。

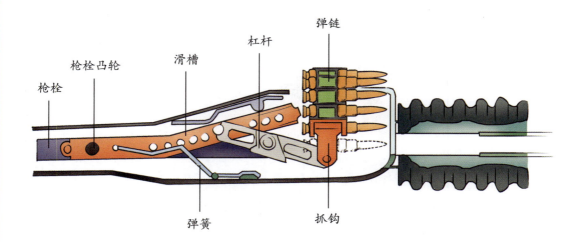

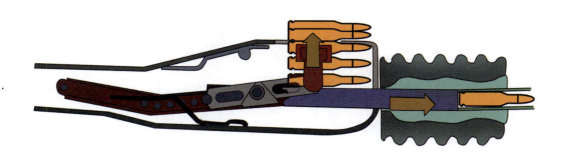

弹链供弹示意图

机枪的主要驱动装置为操纵杆和枪栓，连接在枪栓顶部的凸轮使供弹机运转，将弹链上的子弹一颗颗送入枪膛。当枪栓移动时，凸轮推动长形滑槽，滑槽带动杠杆，当杠杆向左转动时，杠杆上的抓钩便卡住一颗子弹，当杠杆向右转动时，抓钩便将子弹拉入枪内卡好，这时子弹与枪膛就处在一条直线上了。

子弹经过燃气口时，爆炸产生的热气进入起稳压器作用的气缸，并带动操纵杆后退，操纵杆将撞针退回，然后将枪栓退回后部，致使退壳器将空弹壳从枪膛中抛出，机枪就可以准备重新发射了。

子弹无论样式如何，其结构和发射原理都大同小异。子弹一般由弹头、药筒（弹壳）、发射药和火帽（底火）四部分构成。扣动扳机时，撞针撞击子弹的火帽（底火），底火受到撞击就会发火迅速燃烧，引燃药筒（弹壳）内的发射药，发射药产生瞬燃，同时产生高温和高压，将弹头从药筒（弹壳）内挤出，弹头在发射药产生的高压的推动下，向前移动，枪膛内有螺旋状的膛线，子弹受到膛线的挤压，产生旋转，最终被推出枪膛。

世界上第一挺机枪

世界上第一挺机枪是一个比利时工程师于1851年设计的。而普遍观点认为，现代机枪的鼻祖是加特林多管式机枪，1862年由美国人加特林发明。1883年，美国人马克沁对它进行革新，使上膛、射击和退弹能同时完成，每分钟可射击650次。

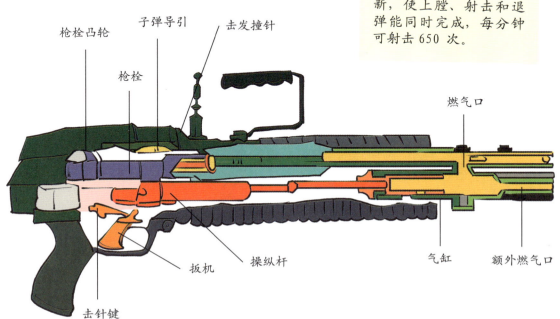

枪栓凸轮　子弹导引　击发撞针　枪栓　燃气口　气缸　额外燃气口　扳机　操纵杆　击针键

55. 防弹衣能挡住所有的子弹吗

防弹衣（bulletproof vest），又叫避弹衣，用于防护弹头或弹片对人体的伤害。人类对身体伤害的防御意识可以追溯到数千年前，远古人类狩猎时穿的兽皮就是人类最早的防弹衣。

◎神奇的凯夫拉网

软式防弹衣的防弹层是由凯夫拉纤维编制而成的。凯夫拉纤维特殊的结构使它具有了神奇的防御能力。如果用高倍显微镜观察这种纤维，会看到类似球网的结构，长长的纤维丝线纵横交错形成一张紧密的网。

玻璃膜

凯夫拉网

凯夫拉丝线

每根纤维上还涂有一层树脂物质，并被两层玻璃膜夹在中间，防弹层就是由多层玻璃网叠加而成的。当弹头或弹片击中防弹衣时，韧性极强的凯夫拉纤维会将冲击能向冲击点以外的区域进行传播，能量被吸收掉而将弹头弹片裹在防弹层里。

也就是说这种防弹衣的原理实际上是把弹头的冲击动能分担到每一根凯夫拉纤维上，所以被击中过一枪的防弹衣就整个报废了。

◎ 软式防弹衣是如何防弹的

防弹衣分为硬式和软式两种。

① 硬式防弹衣。它由金属或硬陶制成，20世纪60年代以前，战场上使用的都是硬质的金属盔甲，它的防护性能好，即使是对付热兵器，它也足以将普通子弹挡住或弹开，缺点是比较笨重。

② 软式防弹衣。舒适性和普通衬衫接近，可以阻挡手枪和步枪子弹，但无法阻挡具有足够能量或较重的直射弹丸射入人体，因此有必要附加坚硬的金属插板、陶瓷板或复合板，即软、硬质材料结合，将两种防护机理集成在一起。

接着，软质防弹织物作为第二道防线，吸收并扩散子弹剩余部分的能量，并起到缓冲作用。织物的拉伸、变形和断裂，都会消耗子弹的能量；还有一小部分能量通过摩擦转化为热能；另一部分能量通过撞击转化为声能；织物材料还会令子弹撞击的部位变形，最终将子弹的动能减到最小。

这种软硬复合式防弹衣是这样防弹的：当子弹击中防弹衣时，首先与防弹衣中第一道防线的防弹钢板、增强陶瓷板或复合板接触，在接触的瞬间，子弹和硬质防弹材料都可能产生形变和断裂，于是，消耗了子弹的大部分能量。

防弹衣是什么材料制成的

防弹衣的防弹层常用的材料有：金属、陶瓷、玻璃钢、尼龙、凯夫拉纤维、超高分子量聚乙烯纤维、液体防护材料等。以凯夫拉纤维为例，它的抗张强度是一般有机纤维的4倍，而且比重较小，所以它的强度高于玻璃纤维、碳纤维和硼纤维。缺点是压缩强度、剪切强度都较低，吸水性较高，因而限制了它在某些方面的应用。

防弹衣能对付刀具吗

答案是：软质防弹衣不能防刺。

这个答案很令人意外是吧？既然防弹衣连子弹都挡得住，为什么挡不住刀刺呢？

软质防弹衣是凯夫拉材料编制而成的，主要通过弹头变形、纤维断裂及冲击波的传播方式将能量分散或消耗。但面对利器的劈砍及冲击时情况就不一样了，刀具产生的是剪应力，力的方向垂直于纤维材料，而且刀尖的能量远高于弹头，纤维材料对于垂直方向的剪应力的抵抗是最差的，甚至可以说没有效果。所以，刀具是可以刺穿防弹衣的，对付刀具只能选择硬质防弹衣和专门的防刺服。

56. 夜视仪是怎么在夜间看到物体的

影视作品中经常有这样的镜头：漆黑的夜晚，敌人在黑暗中悄悄移动，其实，他们的一举一动早已暴露在我方的监视器上，通过屏幕可以清楚地看到敌人的身影。这就是夜视仪在工作了。任何生物都要消耗能量，消耗能量便会产生热量。很多没有生命的物品也会产生热量，例如引擎和火箭，所以它们都会发出红外光。红外光是人眼看不见的光，但夜视仪能够"看见"。

红外夜视仪是利用光电转换技术的军用夜视仪器。

① 聚集透镜是一种特制的透镜，能够将视野内物体发出的红外光聚集。

聚焦透镜

夜视仪分为主动式和被动式两种。

主动式夜视仪用红外探照灯照射目标，接收反射的红外辐射形成图像。主动式红外夜视仪具有成像清晰、操作简单等特点，但它的致命弱点是红外探照灯的红外光会被敌人的红外探测装置发现。

被动式夜视仪不发射红外线，依靠目标自身的红外辐射形成"热图像"，故又称为"热像仪"。被动式的热像仪于 20 世纪 60 年代研制成功，它不发射红外光，不易被敌人发现，并具有透过雾、雨等进行观察的能力。

夜视仪的原理就是将来自目标的人眼看不见的光（微光或红外光）信号转换成为电信号，然后再把电信号放大，并把电信号转换成人眼可见的光信号。

红外遥感技术的发展

尽管人们很早就发现了红外线，但受到红外元器件的限制，红外遥感技术发展很缓慢。直到 1940 年德国研制出硫化铅和几种红外透射材料后，才使红外遥感仪器的诞生成为可能。红外线应用在各种电子设备中，例如遥控器就是通过发射红外线进行工作的。

❷ 红外线探测器上的相控阵能够扫描聚集的光线。探测器元能够生成非常详细的温度样式图，称为温谱图。大约只需 1/30 秒，探测器阵列就能获取温度信息，并制成温谱图。这些信息是从探测器阵列视域场中数千个探测点上获取的。然后，探测器元生成的温谱图被转化为电脉冲。

❸ 这些脉冲被传送到信号处理模块——一块集成了精密芯片的电路板，它可以将探测器元发出的信息转换为显示器能够识别的数据。

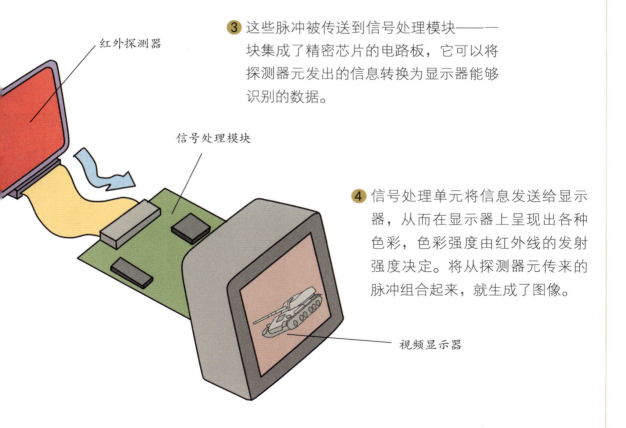

红外探测器

信号处理模块

❹ 信号处理单元将信息发送给显示器，从而在显示器上呈现出各种色彩，色彩强度由红外线的发射强度决定。将从探测器元传来的脉冲组合起来，就生成了图像。

视频显示器

57. 直升机是如何起降的

直升机在我们的生活中并不陌生，它是主要由机体和升力（含旋翼和尾桨）、动力、传动三大系统以及机载飞行设备等组成的飞行器。其旋翼一般由涡轮轴发动机或活塞式发动机通过由传动轴及减速器等组成的机械传动系统来驱动，也可由桨尖喷气产生的反作用力来驱动。

飞行员通过改变桨叶的倾斜度控制直升机的前进。旋转斜盘的上升、下降或者倾斜可以带动桨叶随之变化。

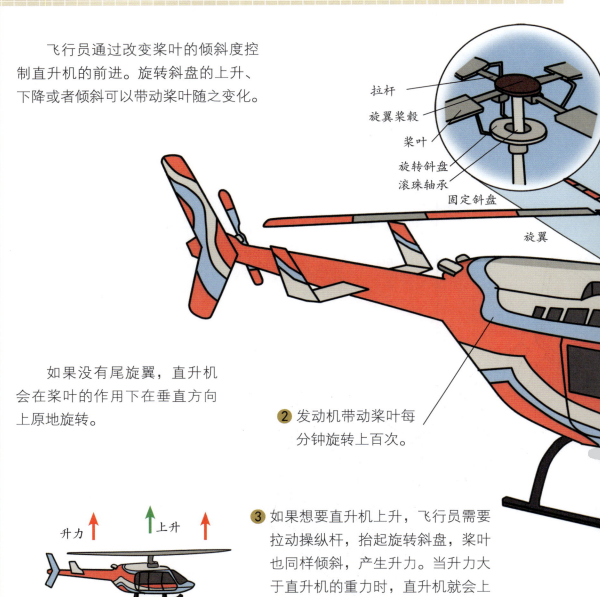

拉杆
旋翼桨毂
桨叶
旋转斜盘
滚珠轴承
固定斜盘
旋翼

如果没有尾旋翼，直升机会在桨叶的作用下在垂直方向上原地旋转。

❷ 发动机带动桨叶每分钟旋转上百次。

升力　上升

重力

❸ 如果想要直升机上升，飞行员需要拉动操纵杆，抬起旋转斜盘，桨叶也同样倾斜，产生升力。当升力大于直升机的重力时，直升机就会上升。如果想要直升机下降，需要拉低旋转斜盘。

直升机的特点

直升机最大的特点是可以垂直起降，还可以做低空（离地面数米）、低速（从悬停开始）和机头方向不变的机动飞行，可在小面积场地起降。适用于侦察、救援、空中摄影等。缺点是震动和噪声较大，速度较慢，航程较短。

1 观察直升机桨叶的横截面，会看到中间厚、两边薄，与飞机的机翼一样。桨叶旋转时带动的气流会产生向上的升力。

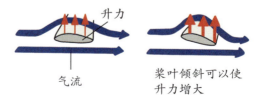

升力

气流

桨叶倾斜可以使升力增大

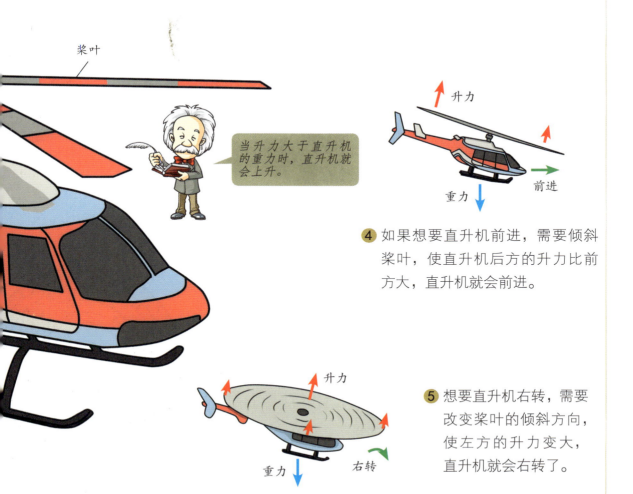

桨叶

当升力大于直升机的重力时，直升机就会上升。

升力

前进

重力

4 如果想要直升机前进，需要倾斜桨叶，使直升机后方的升力比前方大，直升机就会前进。

升力

右转

重力

5 想要直升机右转，需要改变桨叶的倾斜方向，使左方的升力变大，直升机就会右转了。

58. 雷达是怎样发现空中目标的

雷达，是英文 radar 的音译，原意为"无线电探测和测距"，即用无线电的方法发现目标并测定它们的空间位置。因此，雷达也被称为"无线电定位"。

各种雷达因用途不同，结构也不尽相同，一般包括发射机、发射天线、接收机、接收天线、处理部分以及显示器，还有电源设备、数据录取设备、抗干扰设备等辅助设备。

❶ 雷达的天线由喇叭形天线和反射镜组成，会不停地旋转。

❷ 喇叭形天线将电路产生的无线电波传递给反射镜。

❸ 反射镜为抛物面形状，可以将无线电波反射到天空。天线不停旋转，整个天空都布满无线电波。

雷达的发射机通过天线把电磁波能量射向空间某一方向，处在此方向上的物体将碰到的电磁波反射回去；雷达天线接收此反射波，送至接收设备进行处理，提取有关该物体的某些信息（目标物体至雷达发射点的距离、距离变化率、方位、高度等）。

测量距离实际是测量发射脉冲与回波脉冲之间的时间差，因电磁波以光速传播，据此就能换算成目标的精确距离。

测量目标方位是利用天线的尖锐方位波束测量。测量仰角靠窄的仰角波束测量。根据仰角和距离就能计算出目标高度。

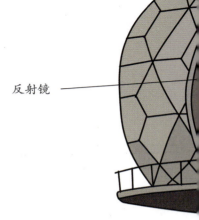

反射镜

雷达显示屏上会出现反射回来的无线电波所形成的轨迹，这样就可以计算出飞机的位置和它与地面的距离了。

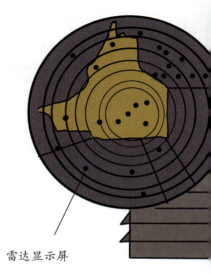

雷达显示屏

④ 空中的飞机等物体如果遇到雷达发射的电波，机身会将电波反射回去。

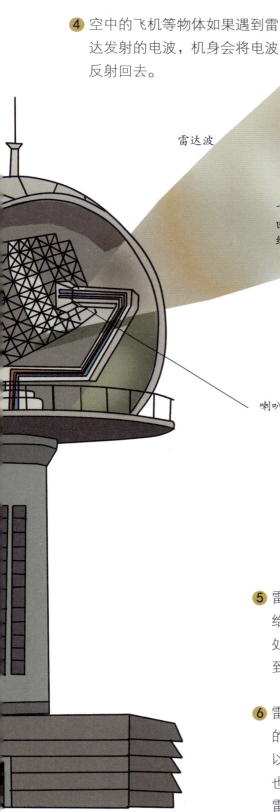

飞机

雷达波

飞机反射回来的无线电波

喇叭形天线

雷达和声呐有什么区别
两者的原理一样，只不过雷达发出的是无线电波，而声呐发出的是声波。

　　测量速度是雷达根据自身和目标之间有相对运动产生的频率多普勒效应原理。雷达接收到的目标回波频率与雷达发射频率不同，两者的差值称为多普勒频率。从多普勒频率中可提取的主要信息之一是雷达与目标之间的距离变化率。当目标与干扰杂波同时存在于雷达的同一空间分辨单元内时，雷达利用它们之间多普勒频率的不同能从干扰杂波中检测和跟踪目标。

⑤ 雷达反射镜接收到反射回来的无线电波，将其传给喇叭形天线，天线再把电波传给电子设备进行处理，将信号转化成图像。于是，通过雷达就"看"到了飞机的形状。

⑥ 雷达就是根据反射回来的电波确定飞机的位置的，还能计算出飞机的飞行速度、与地面的距离，以便给飞机导航。飞机上装有射频信号发射机，也可以将自己的身份信息和高度等内容发送给雷达。

59. 隐形飞机是怎样躲过雷达的

雷达的原理是对目标发射电磁波，并接收其回波，由此获得目标的位置。隐形飞机就是利用了雷达的原理，在碰到雷达发来的探测波时，不再将电波反射回去，雷达也就发现不了飞机了。因此，隐形飞机的隐形并不是让我们的肉眼看不到，而是让雷达无法侦察到飞机的存在。

◎ 外形设计上隐形

避免使用大的垂直面，最好采用凹面，这样可使散射的信号偏离接收它的雷达。飞机在外形设计上采用了非常规布局，消除小于或等于90°的外形夹角，发动机进气口置于机身背部或机翼上面，采用矩形设计并朝上翻。两个垂直尾翼均向外斜置，机身与机翼融为一体，使飞机对所有雷达波形成镜面反射，减小雷达回波。

隐形战机未来发展方向

等离子体是继固体、液体、气体之后的第四种特质形态，因而也被称为物质第四态。等离子体对无线电波具有折射与吸收作用。在飞行器上放置等离子发生器，飞行过程中释放等离子流，在飞行器周围形成等离子电磁屏蔽层，可以让雷达波减弱、绕开或改变反射方向，达到隐形的目的。

例如，SR-71"黑鸟"飞机和B-1隐形轰炸机采用的弯曲机身；贝尔AH-1s"眼镜蛇"直升机最先采用的扁平座舱盖；在海湾战争中发挥重要作用的F-117A"夜鹰"隐形战斗机采用的多面体技术；美国波音F-111实验机上的任务自适应机翼；等等。这些飞机的造型之所以较一般飞机古怪，就是因为特种的形状能够完成不同的反射功能。

◎材料使用上隐形

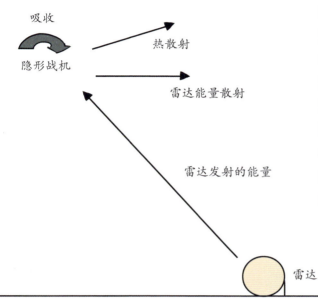

吸收

热散射

隐形战机

雷达能量散射

雷达发射的能量

雷达

采用几乎不含金属的复合材料，使雷达探测波直接穿过机身而不发生反射。另外，使用雷达吸波材料，吸收而不是反射来自雷达的能量。大量使用宽波段吸波性轻质耐热复合材料，并在表面涂覆放射性同位素涂层。最新材料制成的隐形飞机向雷达反射的能量几乎和一只麻雀的反射能量相同，雷达就很难分辨了。

例如，美国间谍飞机SR-71"黑鸟"机体表面的活性成分中，就使用了一种直径不到1微米的玻璃球。玻璃球的表面被覆盖着一层金属的铁氧体，形成一种磁性涂层。

这些球体就像低效的微型无线电天线一样能吸收电磁波，并在电磁波反射前就耗尽其能量——电磁波的能量是被磁性涂层中的电子吸收了。如F-117A"夜鹰"的机体表面，除了覆盖磁性涂层外，还在机翼等处使用了大量的石墨碳纤维复合材料和铝合金。

隐形飞机就没有劣势吗

隐形飞机的劣势当然是有的。隐形飞机为了隐形，牺牲了其他的技术性能，比如：速度比普通飞机要慢；飞行高度甚至在肉眼观察范围之内，已经有过地面火炮成功击落低空飞行的隐形飞机的先例。

60. 军用气垫船是怎么在陆地上行驶的

气垫船又叫"腾空船"，是一种以高压空气在船只底部形成气垫的交通工具。气垫船主要用于水上航行和冰上行驶，也适合比较平坦的陆上地形。

船首推进器：升力风扇把空气吸进这个管道，当它转动时可以将空气吹向任意方向，以帮助操纵船体和掌舵。

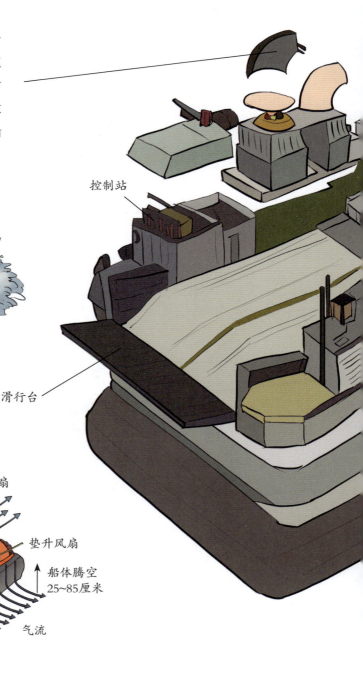

控制站

滑行台

推进风扇

发动机

控制系统

垫升风扇

船体

围裙

气流

气流

气流

气流

船体腾空
25~85厘米

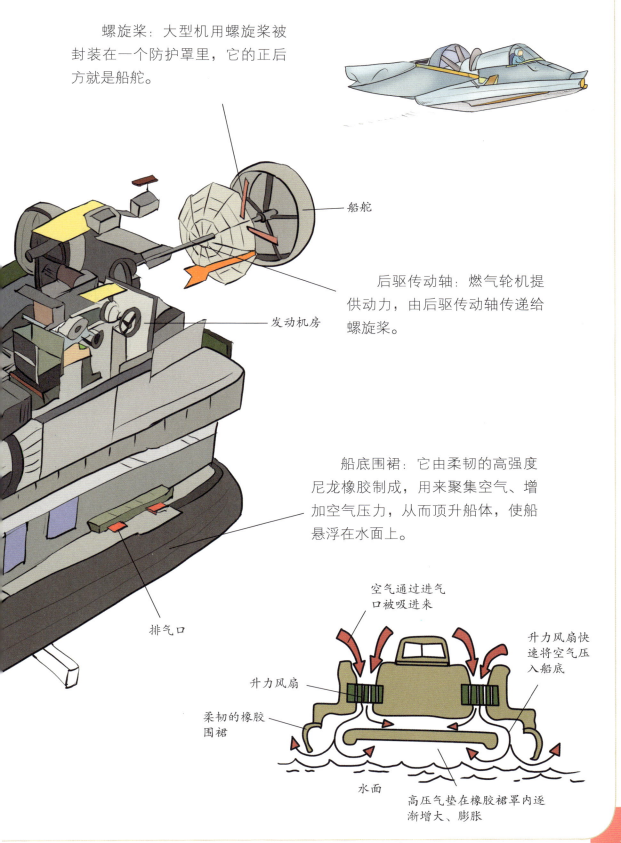

螺旋桨：大型机用螺旋桨被封装在一个防护罩里，它的正后方就是船舵。

船舵

后驱传动轴：燃气轮机提供动力，由后驱传动轴传递给螺旋桨。

发动机房

船底围裙：它由柔韧的高强度尼龙橡胶制成，用来聚集空气、增加空气压力，从而顶升船体，使船悬浮在水面上。

排气口

空气通过进气口被吸进来

升力风扇快速将空气压入船底

升力风扇

柔韧的橡胶围裙

水面

高压气垫在橡胶裙罩内逐渐增大、膨胀

139

61. 潜艇为什么能在水下"执行公务"

潜艇也称潜水艇，是一种既能在水面航行又能在水下航行的舰艇。潜艇具有很好的隐蔽性和突然袭击能力，是公认的战略性武器。还可用于布雷、侦察及运输，也被用于非军事用途，如海洋研究、勘探开采、搜索援救、水下观光等。

潜望镜：是潜艇潜入水中后，从潜艇指挥塔上伸出海面的望远镜，用来观察周围水面的情况。潜望镜的主要部件是一根钢管桅杆，可升至指挥塔上5米高的位置。

潜艇能到达多深的海底

一般的常规潜艇可以下潜200~300米，核潜艇可达到400米以下，下潜最深的核潜艇是俄罗斯的阿库拉攻击型核潜艇，共造了5艘，最深潜到了1200米。另外，深潜机器人一般都能潜到600米以下。

塔楼：也叫潜望塔，用于观察水面情况。

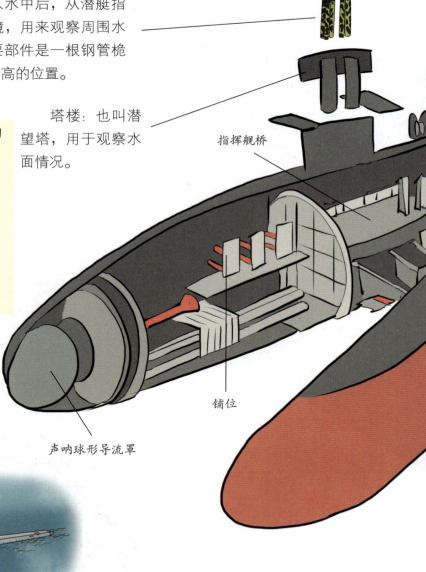

指挥舰桥

铺位

声呐球形导流罩

核反应堆：核子反应炉被安放在一个耐辐射的容器里，它产生的高温让蒸汽机中产生蒸汽之后驱动蒸汽涡轮机，来带动螺旋桨和发电机。核动力潜艇的续航力超强，燃料的补充更换通常在 10 年以上，而柴电动力的潜艇只能坚持几个月。但核动力潜艇却有技术难度大、稳定性差、建造费用高、噪声大以及维护要求高的缺点。核电池的出现解决了这些问题，意味着可以批量地制造超越常规性能的潜艇。

涡轮机：潜艇通常采用七叶大侧旋螺旋桨，因为七片桨叶是非对称的，不容易产生共振，噪声小，而且非对称的螺旋桨产生的气泡比较少。此外，多桨和大侧叶情况下相同推力所需的转速较小，可以降低噪声。

弹道导弹

餐厅　　船上厨房

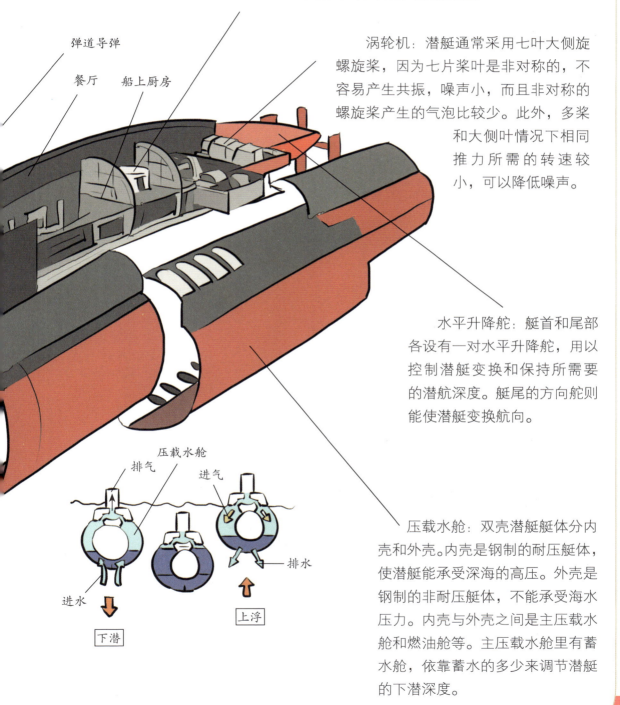

水平升降舵：艇首和尾部各设有一对水平升降舵，用以控制潜艇变换和保持所需要的潜航深度。艇尾的方向舵则能使潜艇变换航向。

压载水舱

排气　　进气

进水　　　　　排水

下潜　　上浮

压载水舱：双壳潜艇艇体分内壳和外壳。内壳是钢制的耐压艇体，使潜艇能承受深海的高压。外壳是钢制的非耐压艇体，不能承受海水压力。内壳与外壳之间是主压载水舱和燃油舱等。主压载水舱里有蓄水舱，依靠蓄水的多少来调节潜艇的下潜深度。

62. 为什么说航空母舰是移动的海上空军基地

航空母舰简称"航母"，是一种以舰载机为主要作战武器的大型水面舰艇。远远望去，航空母舰就像是一座漂浮在大海上的空军基地。在一艘航空母舰上，你不仅可以看见喷气式飞机、直升机，还可以看到导弹等武器。依靠航空母舰，军队可以在远离国土的大洋上时刻待命，随时准备进行作战。

航空母舰的舰载飞机停放于飞行甲板的下面，需要时会由专用的升降机将机库中的飞机升到飞行甲板上来。最大的航空母舰可容纳 80 多架飞机。

航空母舰的用途是什么

主要用途是供飞机起飞和降落。舰体通常拥有巨大的甲板和坐落于一侧的舰岛。它具备优越的空中掩护和远程打击能力，依靠航空母舰，军队可以在远离国土的地方，不依靠当地的机场向敌方施加军事压力和进行作战。时至今日，航空母舰已是现代海军不可或缺的利器，也是一个国家综合国力的象征。

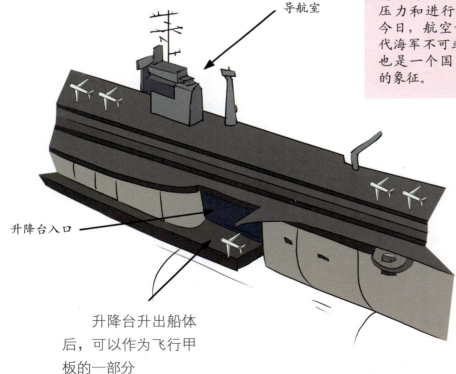

导航室

升降台入口

升降台升出船体后，可以作为飞行甲板的一部分

舰桥：是航空母舰上操控航行和指挥作战的地方，包括指挥室、驾驶舱、露天指挥所等。

燃料舱：大型航空母舰都是核动力驱动的，它们的钚燃料芯块足以装满一辆小型卡车。当然，续航力也是超强的，一次补充燃料可供航行 20 年。

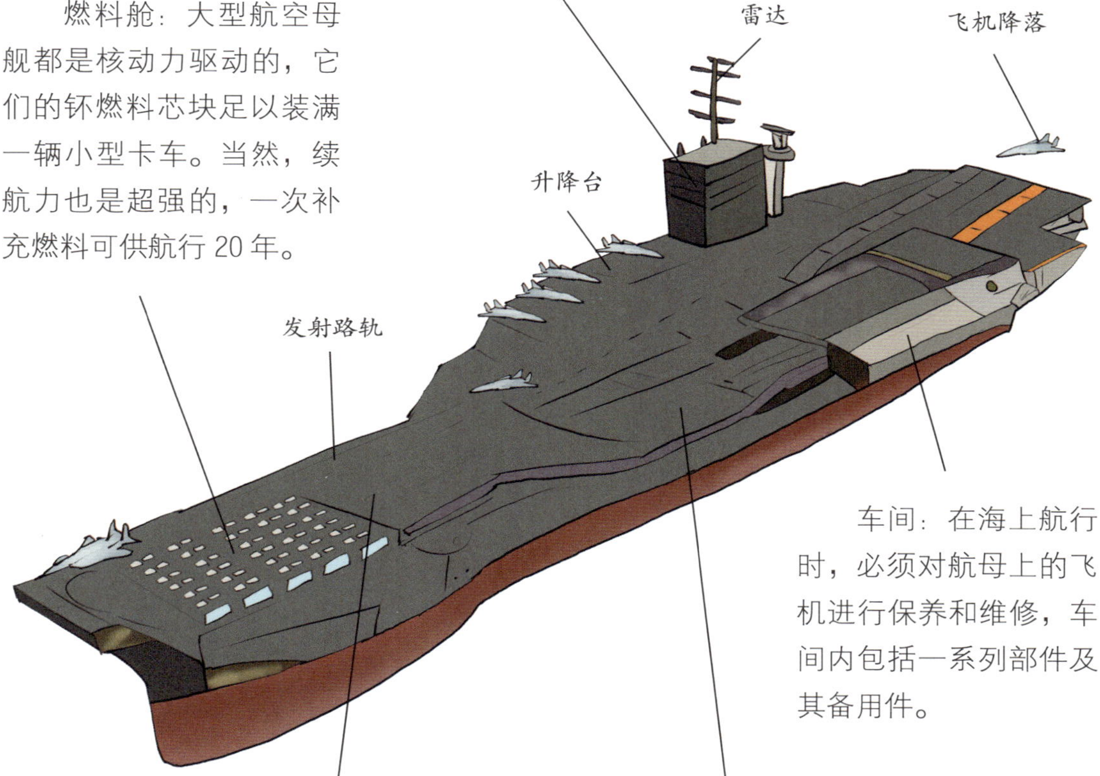

雷达

飞机降落

升降台

发射路轨

车间：在海上航行时，必须对航母上的飞机进行保养和维修，车间内包括一系列部件及其备用件。

飞行甲板：这里是飞机起降的地方，是最危险的工作场所之一。甲板上充斥着飞机起降的轰鸣声和巨大的气流。飞行甲板的全长超过3个足球场，宽度也达七八十米。

飞机库：航空母舰的机库位于飞行甲板下面。因此，飞机在机库和飞行甲板之间移动需要借助于升降机。航母的舷侧装有将飞机从机库升到飞行甲板的升降机，还设有多部连接武器库和飞行甲板的弹药升降机。

图书在版编目（CIP）数据

哇，这些东西是这么工作的 / 崔维静编著. — 北京：北京理工大学出版社，2017.10
ISBN 978-7-5682-4769-6

Ⅰ.①哇…　Ⅱ.①崔…　Ⅲ.①科学知识 – 儿童读物　Ⅳ.①Z228.1

中国版本图书馆 CIP 数据核字（2017）第 211507 号

出版发行 / 北京理工大学出版社有限责任公司
社　　　址 / 北京市海淀区中关村南大街 5 号
邮　　　编 / 100081
电　　　话 /（010）68914775（总编室）
　　　　　　82562903（教材售后服务热线）
　　　　　　68948351（其他图书服务热线）
网　　　址 / http://www.bitpress.com.cn
经　　　销 / 全国各地新华书店
印　　　刷 / 北京市雅迪彩色印刷有限公司
开　　　本 / 787 毫米 × 1092 毫米　1/16
印　　　张 / 9　　　　　　　　　　　　　　　责任编辑/刘永兵
字　　　数 / 180 千字　　　　　　　　　　　　文案编辑/刘永兵
版　　　次 / 2017 年 10 月第 1 版　2017 年 10 月第 1 次印刷　　责任校对/周瑞红
定　　　价 / 36.00 元　　　　　　　　　　　　责任印刷/边心超

图书出现印装质量问题，请拨打售后服务热线，本社负责调换